大是文化

國旗們，的故事

旗上的圖像透露了
勢力結盟、政權更迭、神話，或追尋，
這是理解一個國家的最快方法。

烏克蘭前內閣部長、前國安局局長顧問、銀行家
迪米特羅‧杜比勒（Dmytro Dubilet）——著

謝慈——譯

How the Tricolor Got Its Stripes:
And Other Stories About Flags

contents

1　對民主的呼籲，三色旗 …017

革命對旗幟學這門學問來說影響深遠，帶來了廣為稱頌的法國三色旗——這面旗幟不只影響了全世界無數革命分子的心靈和思想，也成就了許多主權獨立國家的國旗。

2　大英帝國聯合旗，是榮光還是陰影 …035

聖喬治是基督教世界最受景仰的聖人，受到天主教和東正教徒的敬拜。英國的旗幟就是以聖喬治的十字架為基礎，許多其他國旗也是。

3　和平的象徵，帶不來和平 …059

聯合國徽章和旗幟的一切，都必須反映組織的主要目標：和平與繁榮。這種藍色甚至有專門的名稱：「聯合國藍」。

4　十字架概念，流傳最廣、最久 …075

丹麥國旗上的十字架淵源和英格蘭聖喬治十字架相同，都可以追溯到獅心王理查和第三次十字軍東征。

推薦序一
國旗，是族群認同的具象化產物

——《解鎖地球》Podcast 主持人／游尚傑

看到本書要在臺灣出版時，我不由得打從心底會心一笑。

關於國旗引發的爭議，身為臺灣人實在看得太多了。當運動選手在大賽中獲獎，而白底梅花的中華奧會會旗緩緩升起時，心裡總是五味雜陳、一言難盡。仔細想想，一面旗子居然可以如此大程度的影響觀賽體驗，甚至擴大到國族認同感，確實相當不可思議。

現代國家大都有一面國旗，在國際場合上用於表明身分。飄揚的旗幟是個鮮明的符碼，當一群人信任且追隨它時，自己人與他者的界線馬上被明確劃分出來。**族群認同是個抽象概念，而旗幟——特別是國旗——是把認同具象化的產物。**族群認同具有高度的政治性，理所當然成為各方勢力想要擴張影響力的著力點。要幫模糊的意識形態在物理的世界中找到代理人，國旗是再適合不過的選擇了。

中華民國的青天白日滿地紅旗，雖然在國內公開場合隨處可見，但到了國際舞臺上卻常常是尷尬的存在。作為國家地位的象徵，在某些情境下它被視作違禁品，屢屢觸動臺灣人的國族情感。但有趣的是，把焦點轉回國內時，這面旗子卻又會被偏臺派族群唾棄，突然之間它

7

的角色有了 180 度的轉變。

　　會有如此結果，自然該歸咎於近代臺灣的歷史脈絡。相信不少讀者在向外國人解釋個中奧妙時，有一個頭兩個大的經驗，但其他國家又何嘗不是呢？

　　一提到傳統大國，如美國、英國或法國時，他們的旗幟鮮明令人難以忘記，彷彿亙古不變。但事實上，絕大部分國家的國旗，都如同他們的國運一般多舛，在政治情勢快速更迭的近代歷史中變化萬千。細看國旗流變，正反映了政治脈絡，是國家歷史的縮影。

　　歷史記載的是人，人與人一起生活必然組成群體，進而發展出族群，乃至國家認同。想要更了解現代化國家如何演變至今，國旗是個絕佳的切入點。本書收羅了無數國家的國旗故事，透過作者輕鬆的口吻，我們得以一窺飄揚國旗背後那些獵奇、荒謬、殘酷，卻又真實的故事。

推薦序二
不僅僅是一塊布，每次飄揚都是故事

——高雄市陽明國中歷史教師、作家／吳宜蓉

2016 年，紐西蘭曾針對是否更改國旗進行了全民公投。為什麼？

首先，紐西蘭國旗實在跟澳洲國旗太像了，常常被搞混；其次，國旗左上方的「米字旗」，象徵著大英帝國曾經的統治。這樣的設計，似乎忽視了當代紐西蘭作為獨立國家的身分，也無法體現紐西蘭的多元文化。就像我們，不想只被認為是某人的孩子或伴侶，我就是我！然而，什麼才最能代表自己的樣子呢？

透過紐西蘭的國旗公投討論，可以體會國旗的意義：國旗不僅是國家象徵，更是國民認同的載體。它標誌出國家的身分，在國際場合具有重要的識別功能。因此，每面國旗的設計，通常都蘊含著該國的歷史和文化標誌，試圖凝聚國民的情感與認同，也嘗試反映出國家的價值觀與理想，彰顯該國所珍視的主權精神，喚起人民對於國家發展的美好期望。

在旗幟飄揚下，**國旗可以讓人看見過去的榮光，也感受到未來的無限可能**。而國旗的象徵含義也會隨著歷史演進湧現出新的意義。

烏克蘭國旗的藍黃配色，常被說是代表著烏克蘭的鄉村景象：藍

天與麥田；也有人說，藍色是象徵流經烏克蘭的第聶伯河，而黃色則代表全國許多教堂的金色圓頂。然而，隨著烏俄戰爭的爆發，這些色彩更具有解放與希望的含義。

2022 年，美國權威色彩機構彩通（Pantone）發表了一組新色票，將烏克蘭國旗顏色標誌為「自由藍」（Freedom Blue）和「活力黃」（Energizing Yellow）。臺北 101、高雄衛武營都曾點上藍黃兩色燈光，表達祈福的訊息，期盼戰火下的人民能及早獲得和平。

對於國旗，你有什麼好奇的事呢？為什麼很多國家都使用三色旗？不同顏色有什麼不同意義？有些國旗上有鳥，是什麼鳥？鳥的爪子抓的會是什麼東西？為什麼有些國旗上有星星，卻有的大顆、有的小顆？有的一顆、有的很多顆？打開本書，你會發現國旗不僅是布料，更藏著許多專屬於某一地域獨有的文化知識。不需要急著把書看完，試著用問題帶出思考。想像每次旗海飄揚，就像是好多故事在跟你揮手，等著你一個個慢慢探索。

推薦序三
國旗與歷史，密不可分

—— 球歷史 Ball History

國旗，不僅是國家採用圖像的對外象徵，更多層面與意義上，也講述了這個國家的歷史。

作為臺灣本土的波蘭球[1]作家，除了閱讀文史紀錄、創作漫畫，更多時間是在跟國旗們打交道。當然，我主要著墨在二十世紀前後到現代的歷史，但越是將這條長河追蹤到源頭，就越會發現更多與眾不同的歷史，而這些珍貴的紀錄，往往都會反映在國旗上。因此，**國旗就是歷史，而歷史就是國旗的體現，兩者永遠密不可分**。

光是中華民國國旗，就有好多故事可以分享。最初的「國旗」，是湖北軍政府立起的共進會鐵血十八星旗，在辛亥革命期間，也多次出現在戰場上。縱然這面旗幟的高光時刻，在歷史上僅維持兩個多月，

1　編註：波蘭球，是由網友原創且具有政治諷刺成分的漫畫。在漫畫中，特定國家或地區以國旗形象化身為球狀，並以混雜當地語言的彆腳語言互動。題材主要為特定國家傳統及諷刺形象、國際關係、地區衝突乃至歷史事件等。波蘭球沒有特定創作者，不論漫畫中是否有出現波蘭角色，這種獨樹一幟的漫畫或影片風格仍被統稱為波蘭球。

卻也讓世界永遠記得：10 月 10 日的武昌起義、建立中華民國的瞬間，就在湖北！

而隨著中華民國臨時政府成立，五色旗成為了中華民國的官方國旗。雖因孫中山失勢，導致該旗幟被北洋政府所持，但它仍是「五族共和」的重要象徵。隨後為了區分，孫中山代表的廣州政府才廢止了五色旗，改採用現今的青天白日滿地紅旗，而蔣介石北伐成功後，這面旗幟才正式代表著中華民國，直至今日。

這樣一想可真神奇，三面國旗都代表著不同的歷史背景。從最開始打響革命之槍的鐵血十八星旗；革命後為了一統政權，象徵中國「五族共和」的五色旗；以及最後，為了對付軍閥而出現的青天白日滿地紅旗，這面旗幟彷彿人民將伴隨自由、平等與博愛，對抗著束縛、歧視與仇恨的意志。

或許在未來的某一天，會有一群人因臺灣獨立運動的前輩而受到啟發，並高呼著要換掉青天白日滿地紅旗。在那個時候的那個歷史，一定也會好好的被國旗記錄下來吧？

直到二十一世紀的今天，世界各地仍有改革、獨立或革命的聲浪，而國旗們也不斷改變，並持續編寫新歷史。國旗的設計也不僅是門學問，更重要的是在那看似普通的圖案或布料，背後所代表的重大歷史意涵。

前言
用國旗訴說國家的故事

在開始閱讀本書前，給你一個衷心提醒：本書內容太過精彩，請先告訴所有關心你的人，他們可能會有一段時間聯繫不上你，甚至你可能會想請假把它看完。

這是本關於國旗的書。更精確一點，這書是一封邀請函，帶領你進入並沉浸在周遭國家的故事裡，而這些故事都是由國旗所述說的。

大部分的國旗設計都很簡單，然而了解國旗設計的原因和方式，能讓我們得知許多國家有趣的歷史、地理、文化知識。

比如，剛果民主共和國的旗子（見第 300 頁）提醒著人們，該地曾經發生亞瑟・柯南・道爾爵士[1] 所謂最嚴重的危害人類罪行；墨西哥國旗上的老鷹（見第 125 頁），則讓人聯想到阿茲特克人將敵對部落酋長的女兒獻祭給神祇，因此遭到驅逐的故事；至於吐瓦魯國旗上的星星（見第 56 頁）呢？提醒著人們「吐瓦魯」國名代表的特殊狀況。

---

1 編註：亞瑟・柯南・道爾（Arthur Conan Doyle，1859年～1930年），英國小說家、醫生，因成功塑造偵探人物——夏洛克・福爾摩斯——而聞名。1909年，他撰寫了《剛果的罪行》，並於書中譴責比利時君主利奧波德二世（Leopold II）在剛果自治邦的非人道統治。

　　旗幟是生活的小訣竅——可以幫助你從記憶的資料庫中提取現有的資訊。如今，我們已經知道記憶最短的路徑是視覺圖像。當你看見印度的國旗（見第 173 頁），聖雄甘地的形象和遭到背棄的原則就會立刻浮現。

　　我並不打算給你關於全世界國旗鉅細靡遺的知識。在本書中，我們會談論每個國家的國旗，有的談得比較多，有的則比較少。而我選擇題材的主要目標，是激發你對於這個主題的興趣。

　　歡迎進入國旗的奇妙世界。

　　現在，找個舒服的位置，享受沿途的風景，就像是吉里巴斯共和國旗幟（見第 322 頁）上升起的太陽那般美麗。

關於作者
在足球和旗幟學之間，
我選擇了後者

我得承認，我不是專業的作家或學者。但等等，先別把書闔上。我也曾經產出過文字作品，以前還是個記者。當時，我的部落格在烏克蘭相當熱門。

那麼，我平常都做些什麼呢？我是連續創業家，先前也擔任烏克蘭內閣的閣員。

我從小——大約從 1994 年的世界盃足球賽期間開始——就熱愛國旗。當時我和祖父母在克里米亞過節，每晚都在阿尤山（Ayu-Dag）上的小旅館裡收看比賽的現場轉播。

從那之後，我的人生就經歷了許多變化。我對足球的熱忱減少，而俄羅斯的入侵意味著我不能再到克里米亞旅行。但我對於世足賽中飄揚國旗的熱情卻依然持續。

我無法解釋，那些在螢幕角落五顏六色的長方形國旗，為何能在我心中激起如此溫暖的感覺。當時，我還不知道那些國旗背後都代表著截然不同的世界，也不知道有一門專門研究國旗的學問：旗幟學（vexillology）。

即使不了解旗幟學，但我隱約感覺其中蘊含許多有趣的事。第一場比賽是美國對瑞士，我注意到瑞士國旗的形狀和其他國家不同，不是長方形而是正方形（梵蒂岡也是使用正方形國旗，但並沒有派出足球代表隊）。接著，第二場比賽（義大利對愛爾蘭）時，我發現兩個國家的旗幟非常相似。到後來，我才知道原來這不是巧合。

我對於國旗的熱情越演越烈。我開始記下看到的國旗中有趣的細節。接著，我有時會在社群網站上貼出和國旗有關的內容，讓我的40萬追蹤者都很意外。畢竟，他們可不是為了旗幟學才追蹤我的。最後，我創立了 Telegram 頁面：迪米特羅・杜比勒說國旗（Flags with Dmytro Dubilet），專門用來分享國旗們的趣事。

好幾年來，我都夢想著寫一本和國旗有關的書，卻很驚訝的發現，目前和國旗有關的書除了參考書外，就只剩童書了。我必須改變這個狀況。但人生總有許多意外，我的寫作計畫不斷被迫延期。

最終，理想的機會出現了。我們的內閣總辭，然後是新冠疫情造成的全球封控。我花了兩年的時間耕耘，你現在拿在手中的，就是我努力的結晶。希望你看完本書，對旗幟學也能產生和我一樣的熱情。

1 對民主的呼籲，三色旗

革命對旗幟學這門學問來說影響深遠，帶來了廣為稱頌的法國三色旗──這面旗幟不只影響了全世界無數革命分子的心靈和思想，也成就了許多主權獨立國家的國旗。

在 1789 年到 1799 年間，隨著十八世紀邁入尾聲，法國被一股改變的狂潮席捲，我們現在稱為法國大革命。這一連串的事件顛覆了整個歐洲，讓君主專制體制消失，許多國家都被革命的火焰吞噬，歐洲的地圖也徹底改寫。

革命對旗幟學這門學問來說影響深遠，帶來了廣為稱頌的法國三色旗──這面旗幟不只影響了全世界無數革命分子的心靈和思想，也成就了許多主權獨立國家的國旗，其影響力只有英國的「聯合旗」能夠抗衡。然而，英國旗幟的影響力是透過殖民的擴張，法國國旗的影響力卻是來自其代表的意涵：自由、平等、博愛，也就是 Liberté、égalité 和 fraternité。

三色旗的起源和 1789 年攻陷巴士底監獄 [1] 密不可分，當時的革

1　編註：巴士底監獄被視為法國封建專制統治的象徵。1789 年 7 月 14 日被巴黎市民攻下並占領，法國大革命就此爆發，7 月 14 日也被定為法國國慶日。

命分子都用代表巴黎的藍色和紅色緞帶裝飾他們的帽子。同一年，在革命分子的強力訴求下成立國民制憲議會，選擇採用設計簡單的國旗——這面國旗見證了法國正式擺脫了他的過去。

法國：法國大革命的理想

國旗以革命分子的緞帶為基礎，中央是白色的橫條（代表波旁王朝），兩側則是巴黎市的藍色和紅色（代表「人民」），象徵人民在憲法賦予的權力下，掌控了他們的君主。

最初，法國國旗的顏色從左至右是紅、白、藍（見第 20 頁圖 1-1）。接著，在 1794 年，這個順序顛倒，成為現在的模樣（見第 20 頁圖 1-2）。或許最初的紅白藍順序是想反映出巴黎市旗幟（見第 20 頁圖 1-3）的顏色，但也可能只是美感上的偏好。

法國大革命起初懷抱著崇高的人權理想，最後卻淪落為恐怖統治（Reign of Terror）。在某一段時間，巴黎的斷頭臺幾乎日夜 24 小時連續運作，有時候「人民的敵人」甚至會被放上小船，送到塞納河中用大炮處決。1795 年成立的法國督政府目標是終結恐怖統治，結果卻遭到拿破崙推翻。拿破崙對法國國旗的設計也插了一手，最初的三種顏色寬度都不同，比例上是藍色占了 30%，白色 33%，紅色則是 37%。在拿破崙的統治下，三種顏色的寬度變得一致。

拿破崙對世界的紋章學也有些貢獻：他宣告建立法蘭西帝國，自己登基為帝國的皇帝（在那之前，他堅決反對君主制，但權力的誘惑

太難抗拒了！）。他逼迫教皇參與登基加冕大典。當教皇準備將皇冠放在他頭上時，拿破崙一把搶過，幫自己戴上，似乎在說：「我才是那個為自己加冕的人！」

拿破崙選擇老鷹作為他的皇家紋章——老鷹的圖像早在古羅馬時期即已被廣泛使用。加冕典禮期間，他也坐在老鷹造型的黃金王位上。儘管拿破崙的老鷹並未安棲在法國國旗上，但我們很快就會看到牠出現在其他國家的旗幟上。

拿破崙被推翻後，波旁王朝在法國短暫復辟，而法蘭西國旗又回歸為皇家百合（見下頁圖 1-4），不再是革命時的三色旗。百合花紋章在歐洲很受歡迎，因為其在《聖經》中有相當重要的意義：在聖像中，聖母瑪利亞通常都手握白色百合花以象徵她的純潔。

法國的「fleur-de-lys」（或許是風格獨具的黃色鳶尾花，而不是百合花[2]）從 1150 年的路易七世（Louis VII le jeune）時代開始，就是法國君主的官方象徵。關於鳶尾花如何成為法國皇室的紋章，有許多不同的傳說，大部分都能追溯到五世紀法蘭西的第一位國王克洛維一世（Clovis I）。據說，鳶尾花是某次重要戰役前夕，天堂派遣天使賜予克洛維的禮物——他後來在戰役中取得勝利。

1337 年，英國國王愛德華三世（Edward Ⅲ）宣稱自己有權繼承法國王位，於是兩個國家展開了百年戰爭。3 年後，愛德華在 1340 年將法國鳶尾花納入自己的皇家紋章。這樣的舉動不只是侵犯智慧財產權而已——更是宣稱英國擁有法國的土地。多虧了聖女貞德（Joan of

---

2　編註：百合花飾是一種以鳶尾設計出的符號，fleur-de-lys 在法語意為鳶尾花。

▲圖 1-1，法國國旗（1790 年～1794 年）。

▲圖 1-2，現代的法國國旗（1794 年～1814 年，以及 1848 年後），顏色順序顛倒了。

▲圖 1-3，巴黎市的旗幟。

▲圖 1-4，鳶尾花（fleur-de-lys）是法國大革命前法國皇室的象徵。

Arc），法蘭西在戰爭中倖存，而王室的黃色鳶尾花也留存了下來。英國將鳶尾花留在他們的紋章上將近 500 年，直到 1801 年，喬治三世（George Ⅲ）放棄他對法國王位的繼承權，才正式將之移除。

1515 年，教皇良十世（Pope Leo X）決定贈送一件禮物給法王法蘭索瓦一世（Francis I），於是下令李奧納多・達文西（Leonardo da Vinci）製造一隻巨大的機械獅子：木頭打造、能行走、胸口打開有一束百合花。花朵象徵法國的國力，而獅子象徵教皇自己（李奧納多・達文西的名字裡也有「Leo」則是意外的巧合）。

現在，我們再回到拿破崙之後的法國。那時的君主並沒有撐太久，

▲圖1-5，法國「波旁王朝」旗幟
（1589年～1792年，以及1815
年～1848年）。

▲圖 1-6，1871 年巴黎公社奪權 72
天期間的法國國旗。

▲圖 1-7，妥協後的三色旗，加上皇
冠和鳶尾花，很可能是由香波伯爵本
人年輕時所設計的。

▲圖 1-8，法國國旗在 2021 年變色，
但大多數法國人都不知道。

▲圖 1-9，為保持國旗完整性，法國
電視臺會縮減國旗中的白色區塊。

因此，法國人很快的回復了他們喜愛的三色國旗。

1871 年，巴黎公社奪權 72 天，法國的三色國旗又一次失去官方地位。這段期間，法國國旗是整面的紅旗（見上頁圖 1-6）。在那之後，紅色就和共產主義連結，而那面法國國旗則成了蘇維埃社會主義共和國和中國國旗的前身。

法國國旗再一次出狀況，應該是發生在 1873 年。這個故事在旗幟學中很不尋常，畢竟旗幟通常是歷史事件的結果，而不是原因。

當年，法國在推翻拿破崙三世和巴黎公社後，決定再給君主制一次機會。議會將王位給了波旁王朝的繼承人：香波伯爵亨利。但亨利堅持要將和法國大革命連結的三色旗撤換為革命前的鳶尾花國旗。

人民代表們建議做出妥協：把鳶尾花放在三色旗中央的白色區域，讓革命的象徵和君主專制的象徵並存（見上頁圖 1-7）。但對於香波伯爵來說，真的是可忍，孰不可忍。他也不接受以鳶尾花作為自己的象徵，因而讓三色旗持續成為法國國旗。

於是，他拒絕登基，而人們也放棄復辟的計畫，法國仍然是共和國體制。

假如有機會造訪巴黎，可以注意一下，在街道上會找到兩種法國國旗：顏色較深的和較淺的。事實上，1976 年法國將比較淺的三色旗列為國家標準，因為在電視上比較好看。從那之後，官方對淺色國旗使用的頻率大幅提高，不過 2021 年馬克宏政府又無預警的開始使用最初較深色的版本（見上頁圖 1-8）。或許這樣的選擇象徵了回歸法國大革命的理想，又或許法國人做出正確的判斷，認為現代的傳播媒體可以應付更巧妙細緻的色彩。

談到紋章，法國電視臺的員工可以說很有創意。有時候，當法國總統發表公開演說時，你可以在背景看到奇怪版本的法國國旗：白色區塊特別狹窄（見第 21 頁圖 1-9）。這是因為當你把法國國旗放在背景，鏡頭拉近拍講者特寫時，就只會看到白色的部分；相對的，如果縮減這個部分，就能同時看到旗子的三種顏色了。

於是，法國的國旗和它體現的法國大革命理想，開始在世界各地輝煌的散播，從加勒比海地區到非洲都受到影響。

義大利：受拿破崙啟發的統一之路

我們先來看看義大利的三色旗。這面國旗最早出現在十八世紀末期，恰好是拿破崙在義大利半島建立奇薩爾皮納共和國（Cisalpine Republic，或譯為阿爾卑斯山南共和國）這個衛星國的時期。拿破崙不想花功夫設計新的國旗，於是僅僅用綠色取代了法國國旗藍色的部分，因為綠色是米蘭公國紋章的顏色。

幾年後，奇薩爾皮納共和國轉型為義大利共和國。新的國家有著很特殊的國旗：紅色、白色和綠色的正方形旋轉重疊（見下頁圖 1-10）。幾年之後，稱帝的拿破崙把自己的老鷹加在這面國旗上，並放棄了正方形的形狀（見下頁圖 1-11）。

二十世紀時，墨索里尼不在乎借用拿破崙的榮光，將老鷹用在自己政權的旗幟上（見下頁圖 1-12）。拿破崙的這隻猛禽後來也出現在某個非洲「帝國」的國旗上，我們後面會再討論。

▲圖1-10，義大利共和國國旗
（1802年～1805年）。

▲圖1-11，義大利帝國國旗（1805
年～1814年）。

▲圖1-12，墨索里尼統治的義大利社
會共和國國旗（1944年～1945年）。

▲圖1-13，現代的義大利三色國旗
（1946年後）。

　　拿破崙統治義大利的短短幾年，就足以讓義大利人推崇法國大革命的核心價值，並且對統一的國家產生認同感。因此，他們展開義大利復興運動（Risorgimento），對抗奧地利帝國，逐步統一義大利半島的其他領地，成為單一的國家。義大利革命分子為何會選擇使用拿破崙時期的綠－白－紅旗幟來當他們的國旗，也就很容易理解了（見圖1-13）。

　　有趣的是，雖然是拿破崙啟發了義大利復興運動，但真正幫助義大利統一的卻是拿破崙的侄子拿破崙三世（在1852年到1870年間統治法國）。最初，拿破崙三世和奧地利結盟，但一名義大利恐怖分子

在 1858 年行刺未遂——他把炸彈丟在拿破崙三世的車底，不過車子有裝甲強化，導致計畫失敗。恐怖分子被逮捕，判處死刑。然而，他在行刑前寫了一封信給拿破崙三世，請求他支持義大利人對抗奧地利人的奮戰。意外的是，信件達到了這個理想目標，幾年之後，法國部隊加入了義大利的陣營。或許這是歷史上唯一一次恐怖分子在犯案失敗後，仍然可以成功影響他的行刺目標。

雖然義大利國旗三種顏色象徵的意義並沒有官方版的解釋，但其中一種說法是，它們分別代表信仰、希望和愛（巧合的是，這也是我的外曾祖父為三個女兒取的名字）。另一種更常見的解釋是，綠色代表地中海地區的植被，白色象徵下雪的阿爾卑斯山，而紅色則是義大利統一過程的奮鬥。由於美食的盛行，義大利國旗成為世界上最著名的國旗之一，或許你也可以說綠色、白色和紅色對應著巴西里、莫札瑞拉起司和番茄，想怎麼解釋都可以。

匈牙利、羅馬尼亞、比利時：民族之春革命浪潮

匈牙利國旗背後的故事與義大利出奇的相似。

在 1848 年席捲歐洲的革命浪潮，通常也稱為「民族之春」（Spring of Nations）。和義大利人相似，匈牙利人也受到法國大革命的啟發，起身對抗奧地利帝國。他們也考慮選擇用綠－白－紅三色的直條旗幟，卻發現義大利人早在幾十年前就捷足先登；因此，他們選擇了同樣三色的橫條旗幟（見第 28 頁圖 1-14）。

民族之春啟發了現代羅馬尼亞地區的人民，挺身對抗鄂圖曼和俄羅斯帝國。或許也是受到法國三色旗的影響，這些革命分子開始使用藍－黃－紅的三色旗幟，最終成為現代羅馬尼亞的國旗（見第 28 頁圖1-15）。

1830 年，比利時發生叛變，爆發點是布魯塞爾歌劇院的暴動。沒錯，在歌劇院而不是酒吧。布魯塞爾歌劇院的群眾受到當天民族主義表演的鼓舞，群起暴亂，砸毀了整座城市的商店。反叛行動擴散到周圍的地區，僅僅 1 年就以比利時脫離荷蘭告終。比利時的革命分子效法法國的前例，用緞帶裝飾他們的帽子——他們的顏色是黑色、黃色和紅色。當比利時宣布獨立時，選擇用民族革命的顏色作為國旗（見圖第 28 頁 1-16），設計則跟隨法國半個世紀以前的範例。

海地：法國殖民地成功起義

海地曾經是法國相當富庶的殖民地：法國殖民者將其稱為「安地列斯群島的珍珠」。十九世紀末期，這座島嶼輸出的糖和咖啡就占了將近一半的歐洲消費市場（歐洲人把糖稱為「甜的鹽巴」）。海地的當地人幾乎都是非洲的奴隸。一連串的血腥衝突和黃熱病的爆發，削弱了法國對這座島嶼的軍事掌控，海地因此成為世界第一個由前奴隸建立的共和國，也向鄰近的拉丁美洲國家示範了所謂的成功起義。

新建立的海地共和國在國旗設計方面用了最簡單的做法。據說，叛軍領袖尚－賈克·德薩林（Jean-Jacques Dessalines）拿起法國的三色

旗幟，親手扯掉中央的白色部分——很顯然，這個部分讓他聯想起白種人殖民者。接著，他請自己的教女把剩下的兩種顏色縫在一起。於是，海地建國時的國旗是直條的兩色旗——藍色和紅色，與巴黎歷史悠久的旗幟相同（見下頁圖 1-18、1-19）。這樣的連結實在很奇妙。法國的三色國旗就是以巴黎的旗幟為基礎，再加上白色條紋。而後，在地球的另一側，白色條紋又被移除，成為和巴黎旗幟相同的海地國旗。

和海地國旗相關的另一個有趣事件，發生在海地獨立後的一個世紀。1936 年夏季奧運前不久，列支敦士登的代表發現他們的國旗和海地的國旗相同。而後，列支敦士登正式在國旗上加上金色的皇冠以避免造成困惑（見下頁圖 1-20）。

可以說法國國旗透過遙遠的海地，影響了鄰近的列支敦士登。多麼美好的世界啊！

1964 年，海地的國旗又發生變化。獨裁者弗朗索瓦·杜瓦利埃（François 'Papa Doc' Duvalier）針對兩個議題舉行公投：讓他自己成為終生總統，以及把藍色和紅色的國旗改成紅黑兩色，黑色象徵著海地和非洲之間的連結。至於第一題的選項只有一個：同意。但事實上，杜瓦利埃的統治和國旗上黑色條紋同樣壽命不長——他的政權在 1986 年被推翻。

智利：第一面國旗只用 5 個月

法國的國旗也影響了同樣位在西半球，但更南端的國家：智利。

▲圖 1-14，匈牙利國旗（1957 年後）。

▲圖 1-15，羅馬尼亞國旗（1848 年後）。

▲圖 1-16，比利時國旗（1831 年後），
接近正方形。

▲圖 1-17，現代的海地共和國國旗
（1986年後，和1859年～1964年）。

▲圖 1-18，巴黎的旗幟，是法國三
色旗的前身。

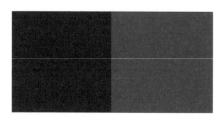

▲圖 1-19，海地共和國的第一面國
旗（1806 年～ 1811 年）。幾乎和
巴黎的旗子相同！

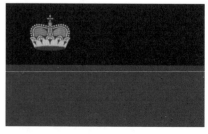

▲圖 1-20，列支敦士登的國旗，也
受法國影響。

　　從西班牙獨立後，智利人受到法國的啟發，在 1817 年選擇了藍、白、紅三色的橫條國旗（見圖 1-21。巧合的是，這面國旗與南斯拉夫的國旗相同）。因此，世界上又多了一面紅－白－藍三色的國旗，可能和荷蘭、俄羅斯和巴拉圭的國旗搞混。

　　過不了多久，智利人就決定換成更具原創性的設計。或許，一開始太過獨特了。在旗幟的左上角（靠近旗桿的長方形區域），他們加上一顆白星，右下方則有另一顆星，象徵著當地原住民族馬普切人（Mapuche）。

　　國旗的藍色和白色條紋符合設計的黃金比例（這條數學公式將提供最符合美學的長方形邊長比例），中央是智利的國徽（見圖 1-22）。

▲圖 1-21，智利的第一面國旗，僅使用 5 個月。

▲圖 1-22，智利初期的國旗，或許太過複雜了。

▲圖 1-23，符合設計黃金比例的現代智利國旗（1817 年後）。

最終，這面國旗簡化成現今的模樣（見上頁圖 1-23）。

智利的國旗帶給另外兩個共和國靈感：德克薩斯共和國（現美國德州，在 1836 年到 1845 年間是獨立國家）和古巴。古巴的國旗則將進一步成為鄰近波多黎各和遙遠菲律賓國旗的基礎。

中非共和國：付出鮮血的獨立之路

從美洲新大陸到非洲，我們看見法國國旗也在這塊大陸上留下痕跡。其中一個受到影響的是法國的前殖民地，也就是如今的中非共和國，那與眾不同的國旗。

中非共和國國旗由四個橫條組成，上方兩條來自法國國旗，下方兩條則來自衣索比亞國旗。橫條被紅色的直條截斷，象徵的是獨立之路上流下的鮮血（見第 32 頁圖 1-24）。

值得一提的是，紅色是全世界國旗上最常出現的顏色，幾乎總是代表鮮血。

中非共和國在 1966 年到 1979 年間的總統是尚－貝德爾・博卡薩（Jean-Bédel Bokassa）——沒錯，就是那位被指控食人及諸多惡行的總統。據說，他在某個場合將一位前內閣成員烹煮給其他成員吃（或許曾經在自家內閣就任過的我，會比你更容易想像這個場面）。博卡薩受到利比亞獨裁者格達費（Muammar Gaddafi）的影響，在 1976 年改信伊斯蘭教，並決定在自己國家的綠色國旗加上伊斯蘭國家旗幟上常見的彎月和星星（見第 32 頁圖 1-25）。與此同時，博卡薩也將中非

共和國轉型為中非王國，登基為博卡薩一世。

博卡薩效法他所敬重的拿破崙。1977 年，他為自己籌備了盛大奢華的加冕典禮，每個環節都復刻了拿破崙的自我加冕。但「盛大奢華」還不足以形容這場典禮的浮誇，而這也嚴重削減了這個貧窮國家的國本。他們打造了鍍銅的巨大王座，造型是呈現坐姿展翅的雄鷹。老鷹很顯然是模仿拿破崙的旗幟，是博卡薩帝國旗幟的中心元素。

博卡薩再次借鏡拿破崙和他的摯愛約瑟芬，將凱瑟琳·登吉亞德（Catherine Denguiadé，他後宮 19 位女子中的「頭號妻子」）加冕為皇后。後來，在博卡薩遭到監禁的期間，出現了「頭號妻子」和法國總統瓦里萊·季斯卡·德斯坦（Valéry Giscard d' Estaing）偷情的流言蜚語。

博薩卡在 1979 年的大型示威後被推翻。示威最初由學童組織，抗議的是學校制服的嚴格規定。博薩卡限定學生只能向他的某位妻子開的公司購買制服。當局暴力鎮壓這場抗議，殺害超過 100 名孩童。根據指控，博薩卡甚至親自開車輾過一名抗爭者。曾經因為地緣政治庇護博薩卡的法國終於失去耐心，派出傘兵協助發動不流血的政變。前總統大衛·達可（David Dacko）重回大位，恢復中非共和國，保留了獨特的國旗。

查德：也是三色，但改成直條

查德是另一個以法國國旗為基礎的非洲國家。查德的第一任總統

▲圖 1-24，現代的中非共和國國旗
（1958 年後），紅色直條象徵獨立
之路留下的鮮血。

▲圖 1-25，總統博卡薩改信伊斯蘭教
後，在國旗上加上彎月和星星。

是獨裁者弗朗索瓦・托姆巴巴耶（François Tombalbaye）。弗朗索瓦青
少年期間，被迫經歷部落傳統的殘酷儀式，在臉上留下許多疤痕。某
天，弗朗索瓦下達命令，要整個國家的內閣成員和數千位官員都要接
受這項恐怖儀式（包含了鞭打、活埋和其他「令人愉悅」的冒險）。
查德的人民受夠了，在 1975 年發動軍事政變，弗朗索瓦遭到殺害。

　　查德人選擇旗幟時，一開始想要最簡單的設計：三色的直條，是
泛非洲的綠色、黃色和紅色。但馬利在幾個月前就選中了這樣的顏色
設計，所以查德國旗的綠色條紋被改成藍色（見圖 1-26、1-27）。

　　然而，查德的國旗終究還是和另一個國家相同。

　　1989 年，羅馬尼亞捨棄社會主義和國旗上社會主義的國徽，結果
國旗變得和查德幾乎一模一樣（見圖 1-28）。甚至有媒體報導，查德
考慮在聯合國舉辦公聽會來解決這個問題，但羅馬尼亞總統表示不會
對國旗做出改變，查德才終於接受這個命運的安排。

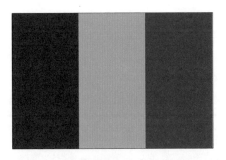

▲圖 1-26，查德國旗（1959 年後），
顏色原定是綠、黃和紅色，不料和馬
利相同，只好改色。

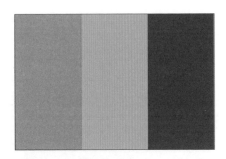

▲圖 1-27，馬利國旗（1961 年後），
在顏色選擇上捷足先登。

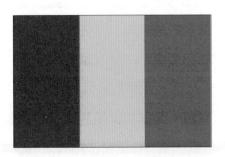

▲圖 1-28，羅馬尼亞的國旗，與查德
相似，查德一度想上聯合國解決。

▲圖 1-29，加彭國旗（1958 年～
1960 年），黃色橫條象徵赤道。

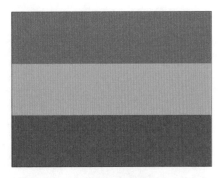

▲圖 1-30，現代的加彭國旗（1960
年後），已不見法國國旗。

加彭：曾經保有法國國旗的國旗

雖然影響無遠弗屆，但法國國旗本身並未出現在任何主權獨立國家的國旗上。

唯一一面曾保有法國國旗的旗幟，是加彭的國旗。在 1958 年從法國奪回自主權後，加彭把法國的顏色放在新國旗的左上角（見上頁圖 1-29）。這面國旗的另一個特色是貫穿中央的黃色橫條——象徵著貫穿加彭國土的赤道（在殖民時代，加彭屬於法屬赤道的一部分）。

但兩年後，當國家的獨立地位鞏固後，加彭在國旗上做了兩個改變：完全移除法國的三個顏色，並且讓中間的黃色條紋寬度與兩側的藍色和綠色條紋相等（見上頁圖 1-30）。

確實，世界上有數十面國旗都隱約呼應著法國的國旗，但以完整形態呈現的卻只有一面國旗，也就是法國的三色旗本身，在這一方面，法國就只能對英國自嘆不如了。

英國就是我們下一個要探索的國家。

2 大英帝國聯合旗，是榮光還是陰影

聖喬治是基督教世界最受景仰的聖人，受到天主教和東正教徒的敬拜。英國的旗幟就是以聖喬治的十字架為基礎，許多其他國旗也是。

很久很久以前，在黎巴嫩貝魯特附近的一個小聚落有著嚴重的難題——有一隻龍選擇在聚落旁落腳，並且不斷要求居民奉獻貢品。最初，牠可以接受綿羊，但不久之後，牠宣告自己還是喜歡吃人。於是每一天，聚落居民都得向惡龍獻上自己的小孩，有天終於輪到當地統治者的女兒了。女孩穿上美麗的服裝和金飾，準備成為惡龍的大餐時，羅馬士兵喬治剛好經過。喬治是虔誠的基督徒，他和惡龍大戰，打敗惡龍，把惡龍的身體拖到聚落裡。他告訴人們，只要他們都皈依基督教，他就會殺死這個怪物。在傳教工作中，只要能發揮效果，所有的方法都是好方法。

我無從得知惡龍的故事是真是假，但喬治如今是基督教世界最受景仰的聖人，受到天主教和東正教徒的敬拜。更甚者，穆斯林也很尊崇喬治。

我們旗幟學家也對聖喬治懷抱最深的敬意。畢竟，**英國的旗幟就是以聖喬治的十字架為基礎，許多其他國旗也是。**

英國：十字架的連結

英國國旗的起源可以追溯到十字軍東征，十字架代表的是英國和基督教的連結。英王亨利二世採用白色的十字架，但從某個時期開始，英國軍隊改成紅色的十字架。根據傳說，亨利的兒子獅心王理查[1]為第三次十字軍東征選擇了紅色十字架，代表著聖喬治。與此同時，聖喬治也被尊為英國的護國聖人。

理查幾乎傾盡資本來打造軍隊，但軍事行動還是失敗了，因為他幾乎和所有的盟友都爆發衝突。自從理查拒絕和法王菲利普二世的女兒成婚後，英國和法國的關係就不斷惡化。在攻陷巴勒斯坦的亞柯（Acre）後，他也和奧地利大公利奧波德五世（Leopold V）結下梁子：當耶路撒冷王國、英國、法國和利奧波德公國的旗幟在城牆上飄揚時，理查卻下令移除利奧波德的旗幟。

這個旗幟的事件說明了旗幟如何影響了歷史的走向。據信，這就是為什麼幾年後，利奧波德會在理查從十字軍返鄉途中將其拘捕。接著，幾乎每位英國居民都得自掏腰包，才能湊出足夠的錢將理查贖回。

歐洲諸王在十字軍戰爭中，最主要的敵人是傳奇的穆斯林領袖薩拉丁（Saladin），而他也在世界的旗幟上留下痕跡。我們會在第 13 章中探討。

理查在歷史上還留下了其他和旗幟有關的影響：他帶給世界三隻

1　編註：理查一世（1175 年～ 1199 年），因驍勇善戰而被譽為獅心王（Richard the Lionheart）。

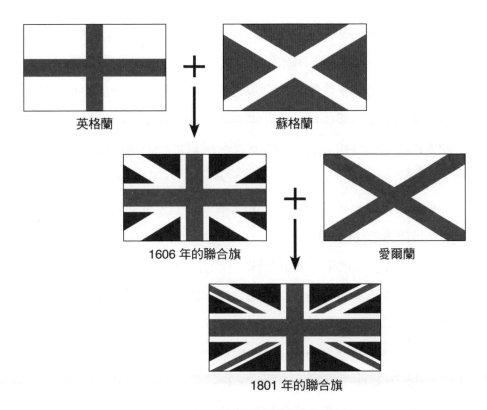

英格蘭 + 蘇格蘭

1606 年的聯合旗 + 愛爾蘭

1801 年的聯合旗

▲圖 2-1，英國國旗的形成。

▲圖 2-2，英格蘭和蘇格蘭聯盟的旗幟，採用於 1606 年。

▲圖 2-3，蘇格蘭版本的聯合旗（蘇格蘭聖安德魯的十字架放在英國聖喬治的十字架之上）。

獅子，成了英國的國徽。我們在這本書裡會不止一次遇到這些英國的雄獅，因為牠們不只出現在英國國徽，也出現在世界各地的許多國旗上。

參觀倫敦塔時，我驚喜的發現這些雄獅出現在英王愛德華一世臥室裡的壁爐架上。愛德華一世和理查差了一個世紀。很顯然，當時的工匠對於獅子的樣貌只有粗略的概念，所以把牠們畫得像是長了尾巴的人類。

英國白色背景和紅色十字架的旗幟，成了大不列顛國旗的第一個圖層（借用修圖軟體的術語）。

英國國旗發展的下一個里程碑，發生在 1603 年，女王伊莉莎白一世過世後。女王沒有留下直接的繼承人，因此蘇格蘭王詹姆斯六世以詹姆斯一世的名號繼承英國王位。於是，英格蘭和蘇格蘭有了相同的君主，但還是兩個獨立的國家。新聯盟的國旗於是將英格蘭聖喬治的十字架放在蘇格蘭聖安德魯的十字架上。

根據《聖經》記載，聖安德魯是耶穌基督的第一個門徒（因此，他有時被稱為「第一位受呼召的安德魯」）。和耶穌基督一樣，他因為信仰被釘上十字架，但他的十字架是「X」形。

至於誰的十字架應該在上方的爭議，不僅是美感的問題。雖然兩國的聯盟在官方上地位平等，但英格蘭不知怎的「更加平等」，所以在 1606 年，英格蘭的十字架被放在蘇格蘭的上方（見上頁圖 2-2），讓許多蘇格蘭人心生不滿。也因此，蘇格蘭有非官方版本的聯盟旗幟，把白色十字架放在紅色上方（見上頁圖 2-3）。據說，蘇格蘭的船隻在十七世紀時，掛的就是這面非正式的旗幟。

對我來說，蘇格蘭的版本看起來更有意思，因為紅色的十字架看

起來更像朝著中心的紅色弓箭──似乎更有象徵性的意涵。不過我得聲明，當時還沒出現箭頭這個符號。

最初，這面旗子只會懸掛在戰船上作為「艦艏旗」（jack，指在桅杆上的小型旗幟），「聯合旗」（Union Jack）的名稱就是來自這個海軍的典故。

半個世紀以後，英國在 1649 年發生革命：英王查理一世遭到處決，而名叫奧立佛・克倫威爾（Oliver Cromwell）的清教徒地主奪權，給了自己「護國公」的封號。後續的 11 年間，英國成為共和國體，放棄了聯合旗，改以由 4 枚紋章組成的旗幟作為國旗──英格蘭和蘇格蘭的紋章斜角相對。在紋章學中，這樣的設計稱為「四等分」（quartering）（見下頁圖 2-4）。

又過了幾年，克倫威爾以極其殘酷的手段征服愛爾蘭，在旗子上加入豎琴作為愛爾蘭的象徵（見下頁圖 2-5）。他的政策導致戰火和飢荒，愛爾蘭的人口削減了大約三分之一，土地則被英格蘭的新教徒占據。這為往後新教和天主教的衝突埋下種子，最終也造成整個國家的分裂。

結束愛爾蘭的軍事行動，克倫威爾踏上歸途時，一位隨從注意到人民如何熱烈的迎接他。克倫威爾充滿哲思的說，同樣一群人也會為了他的處決而歡呼。這段評論竟一語成讖：當克倫威爾死去，君王復辟時，人民挖出他的屍體，掛在絞刑架上，又把他的頭掛在長槍尖端示眾。

在那個年代，英國的紋章可以因為個人的事務或國家的事務而合併。假如貴族家族的男性和女性成婚，新的紋章就會是將兩個家族的

▲圖 2-4，大英共和國的國旗，由 4 枚紋章組成的旗幟。

▲圖 2-5，代表愛爾蘭的豎琴加入克倫威爾的國旗，再加上他個人的紋章。

▲圖 2-6，威爾斯國旗上的紅色巨龍。

▲圖 2-7，衍伸版本的英國國旗，加入代表威爾斯的元素。

▲圖 2-8，威爾斯有種版本的旗幟是聖大衛旗。

▲圖 2-9，對於川普失誤的反應：威爾斯旗幟上的巨龍被鯨魚所取代。

紋章結合。因此，紋章的數量會以指數型成長。曾有位英國公爵，其紋章一共由 719 個元素構成。

英國國旗的最終版本在 1801 年成形（見第 37 頁圖 2-1），當時的大不列顛和愛爾蘭統一，形成聯合王國（United Kingdom）。愛爾蘭聖派崔克[2]的紅色十字架，加入了英格蘭的聖喬治和蘇格蘭的聖安德魯。這個決定讓許多愛爾蘭人失望，他們原本希望豎琴可以再次加入王國的旗幟。然而，英國的旗幟專家做出了或許很正確的決定，畢竟要把豎琴放在已經很複雜的國旗上肯定不容易。

從那之後，英國的國旗就不曾再改變過。

威爾斯（Wales）在聯合旗上並沒有自己的象徵，這是因為在英格蘭和蘇格蘭聯盟，聯合旗設計的時候，威爾斯已經由英格蘭王室所統治。無論如何，假如要把威爾斯的龍也放上英國國旗（見圖 2-6、2-7），那麼象徵的意涵就會有點尷尬了，畢竟聖喬治最著名的豐功偉業就是屠殺了巨龍。

順道一提，美國前總統唐納・川普（Donald Trump）在 2019 年發布推文，說他和「鯨魚王子」（the Prince of Whales）會面。惡作劇的網友於是將威爾斯國旗上的巨龍給換成一隻鯨魚（見圖 2-9）。

另一個潛在的問題在 2014 年，蘇格蘭舉行獨立公投時浮現。假如蘇格蘭離開同盟，那英國國旗會怎麼改變？對於統一派來說，幸運的是反對方以些微差距勝出，讓英國的旗幟專家不需要面對這個問題。

2　編註：聖派翠克（St. Patrick）是五世紀愛爾蘭傳教士及主教。他將基督教信仰帶進愛爾蘭島，使其走出蠻荒時代，受譽為愛爾蘭的主保聖人。

　　大英帝國的國旗還出現在其他四個國家的國旗上：澳洲、紐西蘭、斐濟和吐瓦魯。除了英國，沒有任何國家的旗幟能如此張揚的出現在其他國家的旗幟上。這或許顯示，英國很擅長和平「分手」（有點像是你的前妻還會為你社群網站上的照片「按讚」）。不過，另一個角度的事實是，還有 51 個大英國協的國家在獨立後，選擇移除聯合旗。

澳洲：英國殖民地組成聯盟

　　澳洲現代國旗的歷史從 1901 年開始。當時，英國的 6 個殖民地組成了主權獨立的澳大利亞聯盟，並於同一年舉辦了設計國旗的比賽，豐厚的獎金吸引了 32,823 件投稿。設計的條件是，國旗必須包含聯合旗和南十字星座。幸好菸品的圖樣沒有出現在國旗上，因為其中一位贊助者是當地的菸草公司。

　　在這樣的嚴格規定下，也難怪大多數的投稿作品都很類似。最後，有五位參賽者勝出（其中包含兩名青少年和一個紐西蘭人）。因為他們的作品幾乎相同，於是平分了獎金。

　　在落選的作品中，有一面旗子畫的是澳洲動物玩板球。

　　所以，這就是澳洲國旗（見第 44 頁圖 2-10）為何是今天這個模樣的故事了。

　　左側有一顆代表大英國協的星星，右側則是代表南十字星座的五顆星，同時也象徵著南半球。在本書接下來的部分，我們還會看到這個星座好幾次。

　　所以，旗子上有 6 顆星星，代表著形成聯邦的 6 個英國殖民地。不知為何，大英國協之星最初是六芒星（見下頁圖 2-11），看起來就像大衛之星。不過，幾年之後，大英國協六芒星就改成 7 道光芒。這是因為另一個領地巴布亞也加入澳洲。後來，巴布亞在 1975 年與澳洲分開，但澳洲人還是決定保留國旗上的七芒星。

　　國旗右側的星星並不是一直都維持相同的樣貌。起初，每個星星的光芒數（5 到 9）都呼應它們在天空中的亮度。後來，為了簡化設計，除了最小的星外，每顆星星都變成七芒星。

　　澳洲的國旗也提醒著我們，這個國家最初是由英國流放到這個「南方之地」的罪犯所組成。在國旗誕生的半個世紀以前，澳洲反運輸聯盟（Australian Anti-Transportation League）反抗英國政府再遣送罪犯至此時，使用了幾乎相同的旗幟（見下頁圖 2-12）。

　　直到二十世紀中期，澳洲的國旗都有兩個版本：一個背景是藍色，另一個則是紅色（見下頁圖 2-10、2-13）。兩種版本官方都承認，紅色背景的版本還更受歡迎一些。然而，澳洲政府在 1953 年發布命令，宣告唯有藍色的國旗才是官方版本。據信，之所以選擇藍色，是因為紅色會和共產主義連結。

　　其實，澳洲當地曾發起將聯合旗從國旗上移除的行動。支持者提出三個主要論點：首先，澳洲的國旗總是在國際場合和紐西蘭國旗搞混。第二，獨立國家的國旗上有其他國家的國旗本身就是很奇怪的事。第三，澳洲當時的國旗並未包含當地原住民的任何象徵。

　　澳洲政府在 1995 年對最後一點做出回應，將澳洲原住民旗幟也列為澳洲的官方旗幟（見第 45 頁圖 2-15）。這面旗幟是黃色的碟形在

▲圖2-10，現代的澳洲國旗（1908年後）。

▲圖2-11，澳洲國旗最初的版本：有一顆大英國協的六芒星，以及光芒數各異的幾顆星星。

▲圖2-12，澳洲反運輸聯盟的旗幟（1851年～1852年）。

▲圖2-13，澳洲國旗的變化版，背景是紅色。

▲圖 2-14，許多澳洲的替代性國旗都包含已確立的國家象徵，例如袋鼠和迴力鏢。

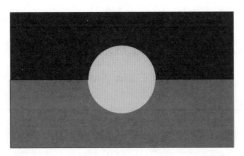

▲圖 2-15，澳洲原住民的旗幟（1995 年後）。

▲圖2-16，1868年～1870年，用
四等分法呈現四個建國的省分。

▲圖2-17，1870年～1873年，加
上曼尼托巴省。

▲圖2-18，1873年～1897年，加
上英屬哥倫比亞和愛德華王子島。

▲圖2-19，1907年～1921年，加
上薩克其萬省和亞伯達省。

黑色和紅色的背景上，在 1971 年由澳洲原住民藝術家哈洛德‧湯瑪斯（Harold Thomas）所設計，時常在官方和非官方活動中使用。舉例來說，澳洲短跑選手凱西‧弗里曼（Cathy Freeman）在 2000 年就身披這面旗幟，慶祝奧運會的勝利。

關於原住民旗，還有個令人詫異的故事：哈洛德‧湯瑪斯擁有這面旗幟的版權，並成功販售作為商業使用。2020 年澳洲爆發醜聞，起因是旗幟使用權被某間服飾品牌買下，並且該品牌開始阻止他人將旗幟用於產品上（然後，這個品牌的所有人並不是澳洲原住民）。

澳洲有個稱為「澳洲國旗」（Ausflag）的組織，從 1981 年就開始倡議國旗的變更。雖然有些設計很時髦且原創，但民調顯示，**超過三分之二的澳洲人並不想改變他們的國旗。**

加拿大：從大海到大海的楓葉旗

所有國旗中包含聯合旗的國家，幾乎都會不時出現改變的聲浪。加拿大的例子說明了要改變國旗有多麼困難。加拿大最終成功更換有聯合旗的舊版國旗，用新的楓葉旗取而代之。

加拿大的近代歷史中，這片領土都由英國和法國管理。兩個國家的影響力都在加拿大國旗上留下印記。舉例來說，加拿大旗幟的兩個主要顏色分別來自英國的聖喬治十字架（紅色）和法國皇室（白色）。

直至 1965 年，加拿大的國旗都屬於典型的英國自治領地（Dominion）設計——紅色的背景、左上角的聯合旗，以及隨著新省分

加入而改變的紋章。新省分加入時，加拿大人會像和英國貴族聯姻時那樣改變他們的旗幟——用四等分法加入新省分的紋章（見第 45 頁圖 2-16 ～ 2-19）。

加拿大的國徽從四個省分開始，到 1907 年時有了 9 個。他們很快就覺得這個設計太過複雜，於是成立委員會來設計新的國徽，最終在 1921 年通過採用。加拿大的新國徽不再採用每個省分的紋章，而使用了主要創辦國的象徵——3 隻獅子、1 隻獅子、1 把豎琴和 3 朵鳶尾花（分別代表英格蘭、蘇格蘭、愛爾蘭和法國）——再加上下方象徵加拿大的楓葉（見下頁圖 2-20）。葉子最早是綠色的，但是在 1957 年重新塗成紅色。

當時，國徽上還有另一個細節也改變了——國旗頂部獅子頭上皇冠的形狀。在 1953 年加冕時，英國女王伊莉莎白二世選擇使用非寫實的聖愛德華皇冠作為她的象徵，而不是沿用了數個世紀的都鐸皇冠。英國的紋章學家不只得更新大英帝國所有的旗幟，也得更新加拿大等數個在國旗中使用英國皇冠國家的國旗。**當伊莉莎白二世在 2022 年過世，國王查爾斯三世繼位後，都鐸皇冠又再次回到英國皇室的紋章上。**

加拿大目前的國徽（見下頁圖 2-21）還有另一個特徵，就是兩面飛揚的國旗：英國的聯合旗和法國的鳶尾花。英國的國旗是由左向右的鏡像（從紅色條紋的位置就能看出）。幾個章節後，我們就會在全世界最不尋常的國旗上，看到同樣的聯合旗鏡像。

1963 年，加拿大出現了大國旗辯論（Great Flag Debate）。那一年，保守黨在選戰中落敗，自由派接著掌權，領導人是活力充沛的萊斯特·皮爾森（Lester Pearson）。皮爾森是經驗豐富的政治人物和外交官，

▲圖 2-20，加拿大國旗（1921 年～
1965 年）。

▲圖 2-21，加拿大國徽。

▲圖 2-22，皮爾森的錦旗：「從大海
到大海」。

▲圖 2-23，現代的加拿大官方國旗
（1965 年後）。

曾經因為協助化解 1956 年的蘇伊士運河危機而獲得諾貝爾和平獎。在
危機期間，埃及官方曾經因為將加拿大國旗誤會成英國國旗，而阻止
加拿大船隻進入蘇伊士運河。

　　而後，皮爾森以這個故事為證據，提出加拿大需要自己的國旗。
身為反對黨領袖，他在競選中將新國旗的提議納入政見。保守黨反對
這個想法，而大多集中在法屬加拿大領土的自由黨則很支持。

　　皮爾森就任後，就開始推動國旗的更新。他最喜歡的設計是有著
藍色邊框，中間是三片紅葉的旗子，被反對者輕蔑地稱之為「皮爾森
的錦旗」（見圖 2-22）。這片旗子體現了加拿大的銘言：「從大海到
大海」（兩邊的藍色條紋象徵著太平洋和大西洋）。在某些中美洲國
家的旗幟上，也能看見類似的概念。

選擇新國旗的過程看似遙遙無期。反對派企圖圍困自由黨。首先，他們成立特別國旗委員會，舉行了 35 場漫長的會議。當委員會終於選定國旗後，保守黨採取阻撓戰術，試圖透過一連串無休止的演講來拉長議會辯論的時間。

他們也向加拿大的民眾徵稿。委員會一共審查了 3,541 個選擇，其中 60% 都包含了楓葉，而 11% 則包含河狸。最終採用的版本（在純白色的背景上有單一一片楓葉，兩側則是紅色邊框（見圖 2-23），由喬治・史坦利所設計）在期限前才繳交，和皮爾森的錦旗同樣進入決選階段。委員會中保守黨議員一致投票給楓葉的選項，因為他們認為自由黨會選擇皮爾森的錦旗。然而，自由黨員也投給楓葉旗，因此票選結果是無異議通過。

大不列顛的女王伊莉莎白二世在 1965 年簽署王室公告，終於批准了加拿大的新國旗。簽署期間，加拿大總理皮爾森剛好在倫敦參加溫斯頓・邱吉爾（Winston Churchill）的喪禮。

這就是加拿大國旗的由來。加拿大國旗可以說是世界上最具辨識度，也最有格調的國旗了。

▲圖 2-24，英屬哥倫比亞省旗幟。

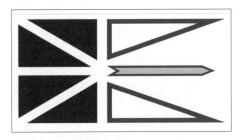

▲圖 2-25，紐芬蘭與拉布拉多省旗幟。

　　值得一提的是，國旗中央的白色部分是正方形。這項旗幟學的新元素，也就是三條橫幅旗幟的中間條覆蓋了一半的旗幟長度，被命名為「白色加拿大式縱條」（Canadian pale）（我們也會在聖文森及格瑞那丁的國旗上看見）。

　　旗幟上的楓葉有 11 個尖角，不過這個數字背後並沒有什麼象徵的意義。在維基百科上有個故事是說，加拿大進行了風洞實驗，判斷什麼樣形狀的楓葉最不容易凹折，才選出這個版本，不過我懷疑其真實性。另一種解釋是，最初設計的楓葉有 13 個尖角，但是當國旗在風中飄盪時很難辨認，所以才把尖角的數量降到 11 個。

　　但很顯然，楓葉形狀的選擇純粹是基於美感考量。

　　要改變國旗，特別是大幅度的更動，都必須承擔一定的風險。一旦旗幟成為國家的象徵，就會立刻在人民眼中得到特殊的意義（尤其是當國家在那面旗幟的領導下經歷戰爭後）。加拿大之所以能成功改變國旗，是因為有部分的人口來自法國。假如加拿大人的同質性和澳洲與紐西蘭一樣高，改變很可能就不會成功。

　　然而，聯合旗還是出現在加拿大 10 個省中 4 個省的旗幟上。其中兩面旗子（英屬哥倫比亞、紐芬蘭與拉布拉多省）的旗幟更是風格獨具。

　　英屬哥倫比亞（見上頁圖 2-24）遵循傳統，把聯合旗放在上方，但延伸到整面旗幟。我得向這個美好省分的居民道歉，因為我覺得這改變糟透了，讓我寒毛倒豎，就像是旗幟底部的太陽光束那樣。

　　紐芬蘭與拉布拉多省（見上頁圖 2-25）甚至更誇張，讓他們的旗幟看起來像是未完成的塗鴉。這面旗幟由當地藝術家克里斯多福・普拉特（Christopher Pratt）所設計，他在其中融入許多象徵。不過，我

不禁想像，如果旗子上的是紐芬蘭犬和拉不拉多犬，那該有多可愛！

　　紐芬蘭直到 1949 年才加入加拿大。在那之前，紐芬蘭和加拿大、澳洲、紐西蘭及其他領地一樣，是英國的自治領地。假如不是 1932 年的違約危機[2]，紐芬蘭原本可以像其他自治領地那樣成為獨立的國家。

百慕達：訴說著這個群島被發現的歷史

　　加拿大採用新的國旗後，世界上就只剩下一個國家的國旗是紅色背景加上聯合旗——百慕達的國旗（見下頁圖 2-26）。在國旗的右側是百慕達的國徽，為此就很值得寫一整本書了。我們可以看到紅色的英國雄獅，呈現出在紋章學中相當特異的姿態——牠的前掌拿著一面盾牌，看起來倒像是拿著廣告看板的人。沉船的圖像不只提醒我們百慕達三角洲的謎團、對船隻造成的威脅，更訴說著這個群島被發現的歷史。

　　國徽上的船艦真實存在，名字叫「海洋冒險號」（Sea Venture）。1609 年，船隻從英格蘭的普利茅斯出海，航向新世界。航行一個月後，海洋冒險號遭遇暴風雨，船身開始滲水，於是停在珊瑚礁上避免沉船。船上 150 名乘客和 1 隻狗因而得救，後在稱為百慕達的東部登陸。

　　倖存者中包含海洋冒險號船長克里斯多福・紐波特（Christopher Newport）。抵達北美洲後，與他同行的約翰・羅爾夫（John Rolfe）

2　編註：因一戰（紐芬蘭當時也派遣軍隊至歐洲前線參戰）以及經濟大蕭條（Great Depression）影響，1932 年紐芬蘭政府幾近破產。而後在 1934 年放棄其自治地位，1948 年公投，並於 1949 年加入加拿大。

▲圖 2-26，百慕達國旗。

▲圖 2-27，紐西蘭國旗（1904 年後）。

創立了第一個成功種植菸草的英國企業，打破了西班牙長久以來對產業的壟斷。為此，羅爾夫必須從海島千里達（Trinidad）偷渡菸草種子（這樣的行為在西班牙法律中是死罪）。在美國定居後，羅爾夫和當地印第安女子寶嘉康蒂（Pocahontas）結婚，成為迪士尼知名動畫《風中奇緣》的原型。

紐西蘭：想換國旗？大家來公投

在紐西蘭也有類似的新國旗運動。許多人並不喜歡他們的國旗和澳洲搞混（紐西蘭國旗上的星星數量比澳洲少 2 顆，而且是紅色的，見圖 2-27）。他們也希望國旗能呈現原住民族的象徵，而不是英國的聯合旗。

紐西蘭人比澳洲人更進一步，在 2015 年和 2016 年舉辦兩次國旗的公投。主要的推動者是總理約翰・凱伊（John Key）。凱伊和他的加拿大同志一樣狂熱，試圖讓整個國家都參與關於新國旗的討論。

公投分為兩個階段。首先，公民被詢問：「假如紐西蘭國旗要改變，

▲圖 2-28，紐西蘭國旗第一次公投的首選。

▲圖 2-29，第二名。

▲圖 2-30，第三名。

▲圖 2-31，第四名。

▲圖 2-32，第五名。

▲圖 2-33，斐濟國旗（1970 年後）。

你偏好哪一面國旗？」並且提供五個選項（見上頁圖 2-28 ～ 2-32）。最受歡迎的設計是用蕨類取代英國國旗，並將左上角塗黑（第二名的設計相同，但左上角是紅色）。

在 3 個月後的第二次公投，選民有兩個選項：保留現行的國旗，或是改成第一次公投最受歡迎的設計。結果由現行的國旗勝出，但比例是 57：43。雖然沒有成功，但贊成改變紐西蘭國旗的支持者相信，43% 已經是很棒的成績了（特別是和澳洲的公投相比）。

澳洲國旗常常和紐西蘭國旗搞混這件事，讓許多人感到惱怒。在公投結果沒有任何改變時，紐西蘭人一度呼籲澳洲變更他們的國旗，理由是紐西蘭的國旗設計先於澳洲。而紐西蘭代理總理溫斯頓・彼得斯（Winston Peters）在 2018 年就曾公開表達了對此事的不滿。

斐濟：英國足跡加入當地風情

試圖變更斐濟國旗的行動也以失敗告終。在許多國旗上有聯合旗的國家中，斐濟之所以特殊，是因為他屬於共和國體，所以不是英國皇室的正式臣民。因此，聯合旗能留在這個島國的旗幟上，就更顯得特別了。

在斐濟的國旗上（見上頁圖 2-33），除了英國國旗外，我們也看到聖喬治的十字架（所以，聖喬治出現在斐濟的國旗上兩次）。另一個英國留下來的足跡是雄獅，但也加入當地的風情——牠的前爪拿著一顆椰子，看起來就像是玩毛線團的貓。

十九世紀時，斐濟酋長塞魯・薩空鮑（Seru Cakobau）將數個島嶼統一為斐濟王國。從那之後，斐濟對於英國和英國的國旗就懷抱著敬意。薩空鮑被視為斐濟的第一任也是最後一任國王。年輕時代，薩空鮑遵循著食人的習俗，但後來皈依基督教，幾乎是自願將權力交給英國皇室。

斐濟當前的首相弗蘭克・巴依尼馬拉馬（Frank Bainimarama）曾經成功發起兩次軍事政變，在 2013 年提議更改國旗，強調國家應揮別殖民的過去，走上新路線。或許這樣的計畫是受到 2006 年到 2014 年間，斐濟因為違反民主原則，被暫停大英國協的成員資格所刺激到。

後續兩年間，斐濟政府舉辦國旗設計競賽，卻不斷推延公布結果的時間，最後終於在 2016 年捨棄計畫。或許，這也和當時斐濟重新進入大英國協有所關連。

2016 年，斐濟贏得第一面奧運獎牌，在七人制橄欖球賽中獲得金牌，大幅提升了人民對當前國旗的支持度。在那之後，就不再有人討論新國旗的事了。

吐瓦魯：9 座島嶼站在一起

與此同時，海洋國家吐瓦魯和其他國家相比，在變更國旗的道路上又走得更遠一些。和其他面對「英國國旗問題」的國家不同，吐瓦魯人成功改變了他們的國旗，不過只維持了短暫的時間。

吐瓦魯群島在 1978 年從英國完全獨立。吐瓦魯的國旗（見下頁圖

▲圖 2-34，現代的吐瓦魯國旗，右側
9 顆星是代表 9 座島嶼。

▲圖 2-35，1995 年，國旗上的一顆
星星被移除。

▲圖2-36，1996年～1997年的吐瓦
魯國旗少了一顆星星和聯合旗。

2-34）包含了天空藍的布料，左上角是聯合旗，右側則有 9 顆星星，
代表吐瓦魯的 9 座島嶼。

　　接著是矛盾的地方了——或許是在國家取名和國旗設計的歷史中
最令人驚訝的。吐瓦魯的國名意思其實是「八島聯合」，因為一共有 8
座有人居住的島嶼。還有 1 座無人島，即旗幟上的第 9 顆星所代表。

　　1995 年，吐瓦魯人決定排除這個矛盾，將其中一顆星星移除。隔
年，吐瓦魯的國徽取代了國旗上的聯合旗（見圖 2-35、2-36）。但在
1997 年，聯合旗重新回歸，因為吐瓦魯島民尊敬英國君主；第 9 顆星
也再次出現，也讓國名和國旗之間奇特的矛盾持續存在。

　　事實上，吐瓦魯的國旗也可以被視為旗幟學中全球暖化問題的象

徵。科學家預測，在接下來 100 年內，吐瓦魯群島就可能因為海平面
上升而變得無法居住。

然而，「吐瓦魯」這個名字有個優勢。多虧了國名，獲得了「.tv」
的域名權。這些域名某幾年販售給電視公司，為國家預算收入提供了
多達 10% 的資金。

紐埃：醒目的明亮陽光，總理夫人設計的

在此，我們應該提一提紐埃（Niue）這座距離吐瓦魯不遠的島
嶼。雖然紐埃在名義上屬於紐西蘭，卻擁有自己的域名和國旗（見圖
2-37）。紐埃擁有「.nu」的域名，在販售域名上也有豐厚的收入。這
些域名在斯堪地那維亞諸國和荷蘭很受歡迎，因為在那些國家的語言
中，「nu」的意思是「現在」。

紐埃島的旗幟上也有聯合旗，但在旗幟學中還是很醒目，因為旗
幟主要的顏色是黃色。把聯合旗放在黃色的背景上很不尋常，但我們

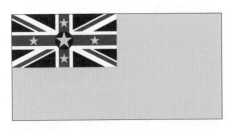

▲圖 2-37，紐埃國旗，左上角為英國國
旗，但在旗內增加了 5 顆黃色五角星。

▲圖 2-38，夏威夷旗幟，夏威夷是美
國國土卻使用英國聯合旗。

要記得，旗幟的設計者是總理的妻子，而不是旗幟學專家。根據官方
文件的解釋，黃色象徵「紐埃明亮的陽光，和紐埃人民對紐西蘭和其
人民的溫暖感受[3]」。

夏威夷：美國國土卻使用英國聯合旗

聯合旗也出現在許多曾經受大英帝國統治，或至今還隸屬於英國
的國家或領土的國旗上。然而，有個不尋常的例外：美國的夏威夷州。

在詹姆斯・庫克（James Cook）為歐洲人發現夏威夷群島（並且
死於此處）後，夏威夷一直維持獨立的地位——直到成為美國的一個
州。然而，當地的國王在 1845 年批准了包含聯合旗的官方旗幟（見上
頁圖 2-38）。這或許是出於對英國皇室的尊敬，但也可能是因為缺乏
想像力。

夏威夷在 1959 年成為美國的第 50 州，旗幟卻未改變。因此，可
以說身為夏威夷人的美國前總統歐巴馬，是在英國的旗幟下出生的。

夏威夷旗幟上的 8 條線象徵著 8 座島嶼。最初有 9 條線，象徵 9
座島嶼，和吐瓦魯國旗的歷史形成了美好的呼應。

---

3 編註：紐埃於 1900 年成為英國殖民地，並於隔年劃歸紐西蘭。1974 年紐西蘭國會
通過紐埃憲法，承認其自治權，現為紐西蘭的聯繫邦之一。

3 和平的象徵，帶不來和平

聯合國徽章和旗幟的一切，都必須反映組織的主要目標：和平與繁榮。這種藍色甚至有專門的名稱：「聯合國藍」。

在前面的章節，我們看到法國和英國的國旗影響為何如此深遠。其實，世界上還有一些國旗，也影響著其他國家，例如衣索比亞和哥倫比亞。在這個章節要討論的旗幟同樣有著很強的影響力，但卻不是哪個國家的國旗──聯合國（United Nations）的旗幟。

這個新形態國際組織的概念在第二次世界大戰期間出現。溫斯頓‧邱吉爾在他的回憶錄中寫道，在參訪華府期間，美國總統富蘭克林‧羅斯福（Franklin Roosevelt）首次提出「聯合國」這個名稱。邱吉爾以一句拜倫的詩來回應：「在此，聯合的國家拔出長劍，我們的人民踏上戰場！」比起先前提議的「同盟勢力」，邱吉爾更喜歡「聯合國」。

假如你熱愛旗幟學，一定會想要到聯合國紐約總部外走一遭。那裡有一整排的高大旗桿，掛著所有成員國的旗幟。一共有 194 面旗子：194 個會員國按照字母順序排列，從阿富汗（Afghanistan）到辛巴威（Zimbabwe）；再加上比其他國家稍微更高一些的聯合國旗。星期一到星期五，只要天氣狀況良好，這些國旗會在早上 8 點升旗，下午 4 點降旗。週末時，則只有聯合國旗會升起。

　　聯合國在 1945 年誕生，來自 50 個國家的代表在加州進行會談，成立負責維繫地球和平的組織——而且成效必須超過影響力低落的國際聯盟（League of Nations）[1]。最初並沒有聯合國旗幟的相關規畫，與會者只想要創造一個成員國都能使用的徽章。但他們很快意識到，這個暫時的徽章很可能會持續沿用下去，於是成立了專責設計的委員會。

　　徽章設計者是美國建築師唐納・麥勞克林（Donal McLaughlin）。二戰期間，他協助軍方設計軍事行動中的相關圖像表格，包含地圖。他也參與紐倫堡大審中使用的法庭設計。

　　聯合國徽章和旗幟的一切，都必須反映組織的主要目標：和平與繁榮。這就是為什麼選擇藍色作為主要的顏色，而不是代表戰爭的紅色。這種藍色甚至有專門的名稱：「聯合國藍」。

　　聯合國旗幟上的白色部分是用方位投影法的世界地圖。地圖的角度（從北極上空）象徵著和每個國家的距離都相等。然而，第一版（見圖 3-1）的地圖和現在不同。最初，北美大陸在正中央，而接近南極的國家甚至沒有出現（阿根廷和南非）。現代版（見圖 3-2）的中心則是格林威治換日線，也就是零度經線。

　　聯合國旗上的世界地圖周圍，則有兩枝橄欖枝。自古希臘以來，橄欖枝就是和平的象徵。而後，橄欖進入基督教文化，又和鴿子產生連結。鳥類和橄欖枝的主題也受美國紋章學家所採用。他們在美國國徽放上一隻老鷹，右邊的爪子抓著橄欖枝，左邊的爪子則是一綑羽箭。

1　編註：成立於 1920 年，是世界上第一個以維護世界和平為其主要任務的國際組織。二戰爆發證明國際聯盟無法發揮作用，歷時 26 年後最終被聯合國所取代。

橄欖枝早已出現在玻利維亞和巴拉圭的國旗上，但多虧了聯合國旗，又有三面國旗採用這個意象：賽普勒斯、厄利垂亞和土庫曼。不幸的是，這個意象未能為賽普勒斯和厄利垂亞帶來和平。有些旗幟專家甚至睿智的說，在國旗上出現聯合國的痕跡，可能象徵著荊棘之路。

▲圖 3-1，第一版聯合國徽章——北美在正中央，某些會員國甚至看不見。

▲圖 3-2，現代的聯合國旗幟。

▲圖 3-3，賽普勒斯國旗（1960 年後），少見的白色加橘色。

賽普勒斯：種族衝突不斷

現代賽普勒斯的歷史從 1960 年開始，當時英國、希臘和土耳其同意在賽普勒斯島建立新的獨立國家。

同一年，賽普勒斯通過新的國旗。設計的結構和聯合國旗相似：中央是地圖，下方則是兩枝橄欖枝。賽普勒斯國旗的一切都與和平的概念息息相關，就像聯合國旗一樣。賽普勒斯的憲法規定，國旗的設計必須中立，因此設計者不得使用藍色或紅色（分別是希臘和土耳其的顏色），也不得使用基督教的十字架（如希臘國旗）或是穆斯林的彎月（如土耳其國旗上）。

勝出的設計出自於土耳其教師兼藝術家伊斯梅特・吉尼（Ismet Güney）之手。他把賽普勒斯島的形狀放在國旗上，使用橘銅色，象徵島嶼富饒的銅礦資源（據說，賽普勒斯這個名字就來自拉丁文的銅礦「cuprum」）。在島嶼的下方則是橄欖枝（見上頁圖 3-3）。

專業的旗幟學家並不贊同賽普勒斯的國旗。在紋章學中，白色的背景加上橘色並不廣為接受。也有許多人將賽普勒斯國旗戲稱為「炒蛋」（顯然，橄欖枝看起來就像某種調味香料）。橄欖枝也出現在賽普勒斯國徽上，叼在鴿子的鳥喙中。

賽普勒斯的第一任總統馬卡里奧斯三世（Makarios III，曾經是東正教賽普勒斯教會的總主教）選擇了吉尼的設計，激起了人們對和平的希望。可惜，澳洲原住民旗幟的設計師並未和他分享成功的商業經驗。為了國旗的設計，賽普勒斯政府曾經承諾每年支付吉尼 20 歐元的費用，但沒有信守約定。吉尼原本打算控告政府，卻在 2009 年過世。

賽普勒斯獨立時，島上人口將近 80% 是賽普勒斯希臘人，20% 是賽普勒斯土耳其人。賽普勒斯希臘人提倡與希臘統一；賽普勒斯土耳其人則強調，在鄰近的克里特島加入希臘後，他們就陷入艱難的處境，因此要求賽普勒斯分裂。

希臘人和土耳其人的衝突貫穿了整個賽普勒斯的歷史，且為雙方帶來嚴重的死傷。 1974 年，在希臘奪權的軍事集團更是火上加油：他們發動流血政變，推翻馬卡里奧斯，讓新的總統推動賽普勒斯併入希臘。土耳其於是派遣部隊進入島嶼北部，建立北賽普勒斯土耳其聯邦國──這個國家至今只被土耳其承認。

從那之後，賽普勒斯數次嘗試統一，最近一次是在 2004 年由聯合國發起。這項和平計畫將賽普勒斯分為兩個在政治上平等的國家，並組成聯邦政府。對此，賽普勒斯舉行公投，賽普勒斯土耳其人投下同意票，但賽普勒斯希臘人則反對。

在眾多事項中，聯合國的提案也包含為統一的賽普勒斯設計新的國旗，並舉行比賽。雖然比賽吸引了超過 1,000 件投稿（這裡列舉其中一件，見下頁圖 3-4），但再次統一的提案被拒絕，當然也就不需要新的國旗了。

厄利垂亞：獨立戰爭持續了 30 年

厄利垂亞是世界上最年輕的國家之一，國旗上也有聯合國的橄欖枝。在第二次世界大戰前，位於非洲的厄利垂亞是義大利殖民地（厄

▲圖 3-4，新賽普勒斯聯合共和國國
旗其中一個提案。

▲圖3-5，厄利垂亞在衣索比亞聯邦
中的國旗（1952年～1962年）。

▲圖 3-6，現代的厄利垂亞國旗
（1993 年後）。

▲圖 3-7，土庫曼國旗（2001 年後），
國旗上有 5 種地毯的設計。

▲圖 3-8，土庫曼的國徽，上面有總
統的馬匹。

利垂亞的首都阿斯馬拉有許多美麗的義式建築）。戰後，獲勝的同盟國對於這片土地的處置方式沒有共識。當地人民要求獨立，但同盟國必須尊重勝利方衣索比亞的意見，因為衣索比亞宣稱厄利垂亞屬於他們領土的一部分。最後，厄利垂亞成為英國的保護國。

最終，聯合國在 1952 年做出妥協，在往後 10 年間，厄利垂亞成為衣索比亞的自治區。在那段聯邦期間，厄利垂亞旗幟的設計受到聯合國旗的啟發：藍色的背景中，兩枝橄欖枝圍繞著一枝筆直的橄欖枝——在旗幟學上是強烈的和平與繁榮象徵（見圖 3-5）。不幸的是，這樣遠遠不夠。1961 年，厄利垂亞爆發武裝獨立運動。獨立戰爭持續了30 年，厄利垂亞終於在 1993 年成為獨立國家。

厄利垂亞的官方版國旗（見圖 3-6）有 3 個三角形，也保留了橄欖枝的環和垂直的橄欖枝。環上的 30 片葉子象徵著和衣索比亞 30 年的獨立戰爭。三角形來自厄利垂亞人民解放陣線的旗幟，他們投入內戰，後來成為厄利垂亞唯一的政黨——民主正義人民陣線。

據說，最大的紅色三角形象徵著解放戰爭中的鮮血。但對我來說，還有另一個雙重象徵：首先，它看起來像是厄利垂亞這個國家的形狀（哈囉，賽普勒斯！）；第二，「厄利垂亞」（Eritrea）這個字來自希臘文的「erythros」，意思是「紅色」（古希臘人如此稱呼這片紅海畔的土地）。然而，這不過是我的幻想而已。

厄利垂亞的旗幟是以某個政治組織的旗幟為基礎，這樣的象徵意義很悲傷。如今，厄利垂亞是一黨獨大的獨裁國家，也是全世界最貧窮的國家之一。

土庫曼：世界上 6 個永久中立國之一

第三個國旗上有橄欖枝的國家是土庫曼。這面國旗幾乎在蘇維埃聯盟一瓦解就獲得採用。第一個版本上沒有橄欖枝，在 1995 年時才加上，以紀念土庫曼宣稱的「永久中立」。在國際關係錯綜複雜的世界裡，永久中立是個有趣的現象，即便聯合國大會也正式投票支持土庫曼的立場。除了土庫曼，只有 5 個國家在國際層級上有這樣的中立國地位：瑞士、奧地利、寮國、柬埔寨和馬爾他。

土庫曼的首都有一座中立紀念碑，頂端是土庫曼第一任總統薩帕爾穆拉特．尼亞佐夫（Niyazov）的黃金雕像。雕像白天時會轉動，隨時面向太陽，但在 2010 年被拆除。

土庫曼的國旗（見第 64 頁圖 3-7）上有 5 種地毯的設計，象徵土庫曼的 5 個地區。在國徽（見第 64 頁圖 3-8）上也有相同的設計，圍繞在一隻駿馬周遭。這並不只是紋章學上抽象的馬匹，而是以現實的馬為藍本──尼亞佐夫的寵物馬。

索馬利亞、吉布地：以藍為主色，命運都悲慘

讓我們回到東非吧。厄利垂亞旁還有個命運悲慘的國家，且國旗上也有聯合國的痕跡：索馬利亞。

第二次世界大戰後，英屬索馬里蘭和義大利屬索馬里蘭於 1950 年合併，形成獨立的索馬里共和國，與法屬索馬里蘭比鄰。

　　和厄利垂亞的情況相同，聯合國在索馬利亞的命運上也扮演關鍵角色，而索馬利亞在 1954 年採用的國旗（見下頁圖 3-9），主要顏色也是藍色。在 1977 年獨立的國家吉布地（原法屬索馬里蘭）為了向鄰國索馬利亞致敬，國旗的主色之一也選擇了藍色（見下頁圖 3-10）。

密克羅尼西亞：很小的國家，就是要聯合國藍

　　當東非現代的政治分界漸漸成形的同時，一個稱為密克羅尼西亞（Micronesia）的國家出現在地球另一端的太平洋中。如同國名顯示，這是個很小的國家（英文的「Micro」有「微小」的意思），面積比新加坡更小一些。

　　在 1944 年前，密克羅尼西亞諸島都屬於日本，在二次大戰中有著軍事功能。接著，聯合國在該地成立太平洋群島託管地（TTPI）。TTPI 的旗幟背景是藍色，上面還有 6 顆星星，象徵著該地的 6 個地理分區（見下頁圖 3-11）。

　　30 年後，當獨立的密克羅尼西亞設計自己的國旗（見下頁圖 3-12）時，選擇以 TTPI 的旗幟為基礎。他們稍微變更藍色部分的色調，以符合聯合國旗的顏色，並將 6 顆星星縮減為 4 顆。其中一顆星代表密克羅尼西亞聯邦（在 TTPI 的 6 個區域中，只有 3 個成為密克羅尼西亞的一部分）。另外 3 個星代表的是帛琉共和國和馬紹爾群島共和國，以及北馬里亞納群島（如今在美國轄下）。

　　在前面的章節，我提到吐瓦魯和紐埃的好運——得到「.tv」和

▲圖 3-9，索馬利亞國旗（1953 年後），採用和聯合國旗相同顏色。

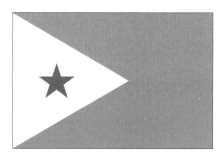

▲圖 3-10，吉布地國旗（1977 年後），其中的藍象徵海洋和親索馬利亞的伊薩人。

▲圖 3-11，太平洋群島託管地旗幟。

▲圖 3-12，密克羅尼西亞國旗（1978 年後），藍色代表太平洋，4 顆白色五芒星代表 4 個群島。

▲圖3-13，聯合國柬埔寨過渡管理機構的旗幟（1992年～1993年）。

▲圖3-14，現代的柬埔寨國旗（1948 年～1970年、1993年後），吳哥窟始終屹立不搖。

「.nu」的域名。從這個角度來看，密克羅尼西亞也很好運——得到了「.fm」的域名，在無線電臺中很受歡迎。

柬埔寨：政權動盪，國旗變更了 8 次

柬埔寨的發展也深受聯合國的影響。二十世紀下半，這個國家幾乎被內戰所撕裂。暴力在 1975 年達到高峰，波布（Pol Pot）所領導的赤色高棉（Khmer Rouge）進入首都金邊。

幾天之內，赤色高棉驅逐了城市裡將近 250 萬的居民，以振興農業之名逼迫他們在田地中勞動（波布認為城市是「邪惡之地」，並且希望讓每個人都成為農民）。帶著同樣的狂熱，波布開始殲滅國內的少數民族，也包含邊境地區的越南人。

波布自詡為史達林的學徒，而從破壞國家人口的角度來看，他可以說是天賦異稟的學生。在統治的短短幾年間，大約有 200 萬柬埔寨人民喪失性命（將近總人口的三分之一）。最終，在 1979 年 1 月，越南的部隊成功攻陷金邊，迫使波布和赤色高棉撤退到叢林裡。

1991 年，在巴黎舉行了維和會議，決議將柬埔寨的管理權暫時交予聯合國。這是聯合國史上第一次，對某個獨立國家有直接的管理責任。聯合國過渡管理機構維持了 18 個月，期間柬埔寨的官方旗幟（見左頁圖 3-13）是聯合國藍的背景，以及柬埔寨的地圖和優美高棉文字的「Kâmp chéa」（柬埔寨）字樣。

一個國家的歷史，無論是和平或動盪，幾乎都能從國旗的歷史窺

知一二。如果國旗頻繁變更，代表國家的命運並不平順。柬埔寨的國旗在上個世紀改變了 8 次，每次的設計都包含了不同的吳哥窟圖樣（見第 68 頁圖 3-14，吳哥窟是全世界面積最大的宗教建築）。這讓柬埔寨成為全世界少數 5 個國旗上有建築物的國家，其他則是西班牙、葡萄牙、聖馬利諾共和國和玻利維亞。

東帝汶：爭取獨立的奮鬥

距離密克羅尼西亞不遠的是亞洲最年輕的國家：東帝汶（East Timor，也稱 Timor-Leste）。「Timor」這個字來自馬來文，是「東方」的意思。所以我們可以說「東帝汶」是冗詞贅述。雖然不像吐瓦魯那樣矛盾，但也很不尋常。

將近三個世紀以來，東帝汶都是葡萄牙的殖民地。但在 1974 年康乃馨革命[2]後，鄰國印尼的部隊入侵東帝汶。在 20 年的占領期間，將近 20 萬東帝汶人死去，而該國總人口僅有一百餘萬人。最終，國際社會介入，東帝汶暫時由聯合國託管 3 年，才在 2002 年重獲獨立。

因此，東帝汶的官方旗幟有 3 年都是聯合國旗。接著，新的國旗（見第 72 頁圖 3-15）誕生——紅色的旗幟上有黑色的三角形和 1 顆星。

---

2 編註：二戰後葡萄牙軍政府拒絕放棄殖民地，並嘗試抵抗去殖民地化浪潮，因此爆發殖民戰爭。因長久的戰爭和龐大的軍費使得人民及中下級軍官發起政變。政變期間民眾將康乃馨插在軍人的步槍上，因而得名。政變最後以和平的方式獲得成功。

這裡的紅色象徵著東帝汶人民的苦難。黑色的象徵則頗有意思：代表「需要克服的愚民主義」。而黑色三角形右側的亮黃色三角形，代表的是爭取獨立的奮鬥。

東帝汶的另一個象徵是國徽上的卡拉希尼柯夫自動步槍，和辛巴威和莫三比克產生了幾分親切感。

波士尼亞與赫塞哥維納：聯合國團隊幫忙設計

再回到歐洲。1990 年代初期，6 個國家在前南斯拉夫社會主義共和國的土地上建立，其中之一是波士尼亞與赫塞哥維納。假如要談旗幟學的後現代趨勢，那波士尼亞與赫塞哥維納的國旗就是個好例子。

要了解波士尼亞與赫塞哥維納為何擁有如此不尋常的國旗，我們就得先認識 1992 年到 1995 年，波士尼亞亞克人、塞爾維亞人和克羅埃西亞人之間的軍事衝突。戰爭在《岱頓協定》（Dayton Agreement）簽訂後才終於畫下句點，交火的各方同意談和，成立單一主權國家：波士尼亞與赫塞哥維納。

他們面臨的諸多任務中，包含國旗的決定，都一直無法取得共識。因此，聯合國在 1998 年提出了自己的版本。早期的 3 個提案中，包含了標準的藍色旗幟，上方則是該國的白色地圖（見下頁圖 3-16），但最後聯合國的團隊決定來點更特別的。

因此，波士尼亞與赫塞哥維納的新國旗上有了黃色的三角形，和該國的政治分界很類似（哈囉，厄利垂亞！）。三角形的三個邊象徵

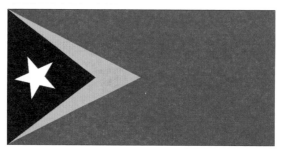

▲圖 3-15，東帝汶國旗，紅色象徵人民的苦難；
黑色代表需要克服的愚民主義；黃色代表爭取獨
立的奮鬥。

▲圖 3-16，聯合國提出的替代版
國旗之一。

▲圖 3-17，該國旗早期的聯合國藍版本。

▲圖 3-18，現代的波士尼亞與赫塞哥維納國旗
（1998 年後），改為與歐盟相似的深藍。

著國家的 3 個主要種族——波士尼亞亞克人、塞爾維亞人和克羅埃西亞人。

三角形並不是這面國旗中唯一不尋常的元素。代表歐洲的星星在三角形左側排列。上下兩端的星星都從中切開，象徵這並不是精確的數目。

在原始版本的旗幟中，三角形和星星的背景是聯合國藍（見圖3-17），後來則改成和歐盟旗幟相關的深藍色（見圖3-18）。

南極？不是國家也有國旗？

世界上還有一面旗幟受到聯合國影響：南極的非官方旗幟（南極沒有所謂的官方旗幟，因為南極沒有單一的管理政權，但有許多旗幟都設計來代表南極）。你大概也猜到了，這面旗幟的設計就是將白色的南極放在聯合國藍的背景上（見圖3-19）。可以用這張圖來做墨跡

▲圖 3-19，格拉曼・巴特拉姆提出的南極旗幟。

▲圖 3-20，《南極條約》所提出的南極旗幟。

測驗，看看你看到的是什麼形狀（我個人看到的是毛茸茸犀牛）。

　　有趣的是，旗幟的設計者是英國旗幟研究所的首席旗幟學家格拉曼‧巴特拉姆（Graham Bartram），他也參與了波士尼亞與赫塞哥維納國旗的設計。這麼看起來，旗幟學家似乎也都有各自的代表風格。

　　南極條約組織所提出的南極旗幟（見上頁圖 3-20）在 2002 年被採用，上面是南極的地圖，但背景顏色更深，並有主要的經線和緯線。然而，當你搜尋「南極旗幟」的表情符號時，看到的會是格拉曼‧巴特拉姆的設計。

4 十字架概念，流傳最廣、最久

丹麥國旗上的十字架淵源和英格蘭聖喬治十字架相同，都可以追溯到獅心王理查和第三次十字軍東征。

國旗上的十字架，就和國旗本身的概念一樣歷史悠久。丹麥的國旗（丹麥文是「Dannebrog」）是世界上持續使用最久的國旗，設計是紅色背景加上白色的斯堪地那維亞十字架[1]。

丹麥：最常被焚燒的國旗之一

一千多年前，丹麥國王哈拉爾·「藍牙」·戈姆松（Harald 'Bluetooth' Gormsson）將基督教定為丹麥國教（「藍牙」科技的命名正是紀念這位國王，因為發明者認為這項科技將整合不同的數位裝置，就像哈拉爾統一丹麥和挪威那樣）。而後，丹麥所發起的戰爭不

1　編註：又稱北歐十字（Nordic cross），現今北歐五國的國旗上都有該十字。

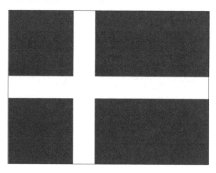

▲圖 4-1，丹麥的旗幟，傳統的斯堪
地那維亞十字架被移到左側。

再被視為野蠻的暴行，而是以基督信仰之名的神聖行動。

1219 年，丹麥人和愛沙尼亞人在塔林（Tallinn）附近交戰。眼看丹麥人就要落敗，但根據傳說，有一面白色十字架的紅旗從天而降。在那之後，大受鼓舞的丹麥人取得勝利，而白色十字架的紅旗也被定為王室的旗幟。

根據比較符合現實的版本，丹麥國旗上的十字架淵源和英格蘭聖喬治十字架相同，都可以追溯到獅心王理查和第三次十字軍東征。

假如你喜歡對稱圖形，那可能會對把斯堪地那維亞十字架移到左側感到不滿（見圖 4-1）。但我要為這樣的設計說句話，嚴格來說，丹麥旗幟一開始就不算是完美的長方形。這面旗幟當時若要被懸掛在船上，就會是拖著兩條尾巴（燕尾樺）的五角形，看起來才會是對稱的。

丹麥國旗之所以特別，不只是因為它有最悠久的歷史，也因為它在這段歷史中不曾經歷過正式的變更，也難怪丹麥公司在產品包裝上經常使用這面國旗。

　　從許多層面來說，丹麥都是個不尋常的國家。丹麥的國土由超過440 座島嶼組成，其中之一的格陵蘭是世界上最大的島嶼。你可以問問朋友，歐洲哪個國家的面積最大，然後藉此嘲笑他們，他們大概不會想到丹麥（但丹麥是正確答案）。

　　假如丹麥能夠保有什勒斯維希－霍爾斯坦（Schleswig-Holstein），那麼他的面積還會更大，但這個地區在 1948 年後就屬於德國了。這個區域是丹麥和德國持續衝突的導火線之一。二十世紀初期，德國禁止該地的丹麥人懸掛丹麥國旗。對此，丹麥農民培育出一種特別的豬隻品種，暱稱為「丹麥抗議豬」。這些豬的顏色偏紅，背上有明顯的白色條紋，看起來的確有點像丹麥國旗。

　　從旗幟學的角度來看，丹麥還有另一項特殊之處，就是非典型的國旗相關法律。一般來說，國家會禁止國民以任何形式毀損國旗，但丹麥的刑法正好相反。在丹麥，焚燒丹麥國旗是合法的，但焚燒世界上任何其他國家的國旗則違法，而在日本也有類似的法律。

　　至此，你或許會很好奇，為什麼會有人想焚燒這個和平的北歐國家國旗呢？但在 2006 年，丹麥國旗卻成為世界上最常被焚燒的國旗之一，或許更勝過美國國旗，因為當時，世界各地的激進穆斯林都在抗議丹麥報紙刊登了對於先知穆罕默德的諷刺漫畫[2]。

2　編註：日德蘭郵報穆罕默德漫畫事件。《日德蘭郵報》（Jyllands-Posten）是丹麥銷量最大的日報，這 12 幅諷刺漫畫被穆斯林視為褻瀆的行為，不只引起民眾抗議，甚至帶來了恐怖威脅。

瑞典：藍天中的太陽十字架

丹麥鄰國瑞典的國旗起源和丹麥相似。傳說中，瑞典人在十二世紀的戰役中打敗芬蘭人。起初，瑞典人居於劣勢，但瑞典國王在藍天中看見太陽的十字架，就改變了戰爭的風向。

好吧，至少這個版本聽起來比丹麥的更可信一點，畢竟我們很常在白雲中看見一些圖案。

跟丹麥國旗一樣，瑞典的國旗在歷史中也幾乎沒有改變。唯一的例外是十九世紀，瑞典和挪威結盟將近一個世紀。因此，這兩個國家的旗幟變成十字架的雜繪（見第 80 頁圖 4-3），就像是英國的國旗。接著，他們在旗幟上取得了妥協，把聯盟的象徵放在旗幟的左上角（見第 80 頁圖 4-4）瑞典人不喜歡這個決定，稱之為「Sillsallaten」──這是一道傳統的瑞典料理，原料有鯡魚、甜菜根和蘋果。

在聯盟瓦解後，瑞典人重獲他們美麗的老國旗，但把深藍色改成比較淺一點的藍色（見第 80 頁圖 4-2）。

芬蘭：藍色十字架雀屏中選

瑞典的旁邊是另一個快樂的北歐國家：芬蘭。這兩國的邊界可以說是世界上最詭異混亂的。芬蘭人曾經不小心在瑞典側的一座無人小島上蓋了燈塔，在那之後，兩個國家很快的被迫同意重新劃定邊界。

和其他鄰國不同，芬蘭沒有悠久的獨立歷史或國旗可以誇耀。芬

蘭在 1917 年從俄羅斯獨立時，舉辦了國旗設計競賽。大眾的討論集中在兩個主要選項：白色背景上的藍色十字架，或紅色背景上的黃色獅子（見下頁圖 4-5。從外觀來看，旗幟上這隻獅子很顯然瘋了）。

第三個選項是藍色背景和白色十字架，但人們認為和當時的希臘國旗太過相似，所以予以否決。

最後雀屏中選的是藍色十字架。芬蘭才剛經歷了白衛兵（資產階級政黨支持者）和紅衛兵（社會主義者）的內戰，因此紅色不再受到大眾所喜愛（還記得嗎？澳洲也因為類似理由捨棄了紅色的國旗）。

值得一提的是，雖然斯堪地那維亞的十字架出現在芬蘭國旗上，但芬蘭人並不被視為斯堪地那維亞人。

選擇新國旗的幾年後，芬蘭人決定把國旗的淺藍色改成深藍色（見下頁圖 4-6）——而與此同時，瑞典人則做出恰好相反的選擇。

挪威：國旗版瑞士刀

另一面擁有斯堪地那維亞十字架的國旗是挪威國旗。在挪威歷史中，他們首先和丹麥結盟，然後是瑞典，對國旗都造成了影響。

挪威的正式國旗（見第 81 頁圖 4-7）在 1821 年通過，設計者是挪威議會成員費德里克‧馬茲爾（Fredrik Meltzer）。我去奧斯陸旅行時，有位導遊告訴我，馬茲爾的兒子在丹麥國旗上畫了藍色十字架，給了他靈感。不幸的是，這個故事應該就只是個傳說罷了。

不過，實際的情況是，馬茲爾的選擇很大程度上是受了法國三色

▲圖 4-2，現代的瑞典國旗。

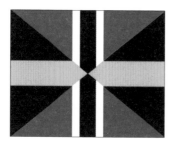

▲圖 4-3，瑞典和挪威結盟旗
幟變成十字架的雜燴。

▲圖4-4，加上聯盟象徵的瑞典國旗
（1844年～1905年），但瑞典人不
喜歡，並稱之為「Sillsallaten」（鯡
魚沙拉）。

▲圖 4-5，芬蘭的另一種紅色旗幟，
本來也有機會成為國旗。

▲圖4-6，現代的芬蘭國旗（1918 年
後），十字架原為淺藍色，後改成深
藍色。

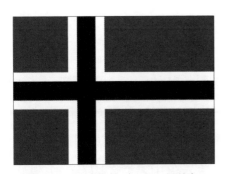

▲圖 4-7，挪威國旗（1821 年後）。

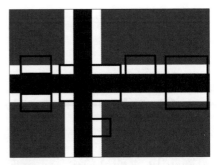

▲圖 4-8，國旗版的瑞士刀。在挪威國旗上可切分出 6 個國家國旗。

▲圖 4-9，冰島國旗，國旗上的紅代表火山岩漿。

旗的影響。（很意外嗎？）

　　德國地理學家西蒙・庫斯特馬赫（Simon Küstenmacher）曾經在推特[3]上將挪威的國旗稱為「國旗版瑞士刀」。他注意到，可以在挪威的國旗上切分出 6 個國家的國旗：印尼、波蘭、芬蘭、荷蘭、泰國——以及法國的國旗（見圖 4-8），也就是馬茲爾的靈感來源。我要再補充，在挪威國旗上也可以找到摩納哥的國旗。

―――――――――

3　編註：推特（Twitter）已於 2023 年更名為 X。

冰島：火山若爆發，歐洲交通全癱瘓

　　冰島的國旗上也可以找到差不多數量的其他國旗。1944 年，這個小而驕傲的國家正式獨立，在公投中以 98% 的民意贊成脫離丹麥。同一年，他們有了新的國旗。和紋章學的傳統不同，冰島國旗（見上頁圖 4-9）上的紅色不代表鮮血，而是代表火山岩漿，因為火山對冰島的歷史相當重要。舉例來說，名字很難發音的埃亞菲亞德拉火山（Eyjafjallajökull）在 2010 年爆發，讓歐洲的空中交通中斷了將近一星期。然而，這和十八世紀末期的火山爆發相比，可說是小巫見大巫——那場爆發持續了兩年，還導致全球降溫。降溫的結果是歐洲農作物全面歉收，也有人認為就此種下法國大革命的遠因。

瑞士：紅十字會標誌靈感來源

　　瑞士的國旗和丹麥國旗很像，但和丹麥及其他斯堪地那維亞國家不同，瑞士的旗幟完美對稱。瑞士的國旗（見第 84 頁圖 4-10）是世界上僅有的兩面正方形國旗之一，另一面則是梵蒂岡的國旗（比利時國旗的邊長比例是 13：15，幾乎可以加入行列了）。

　　我還記得瑞士總統在 2014 年正式拜訪我的故鄉基輔時，臉上震驚的表情，因為迎接他的巨幅國旗……是丹麥的國旗。

　　我們在世界各地的醫院和藥局幾乎都會看到國際組織紅十字會的標誌，而這個標誌的靈感正是來自瑞士的國旗。紅十字會於 1864 年在

日內瓦成立，其標誌只不過是將瑞士旗幟的顏色反過來而已（見下頁圖 4-11）。

雖然我們都很感激瑞士帶來紅十字會，但選擇十字架作為國際人道組織的標誌並不是個好點子——即便設計者沒有宗教意圖。於是世界各地的非基督教國家紛紛開始用自己的方式修改標誌。在 1876 年到 1878 年的俄土戰爭期間，鄂圖曼土耳其帝國的戰地醫生使用紅色彎月作為他們的標誌。如今，有 33 個穆斯林國家使用紅色彎月（見下頁圖 4-12），而以色列則使用紅色的大衛之星（見下頁圖 4-13）。

2006 年，人們嘗試用更中性的符號來取代紅十字架。其中之一的妥協是稱為紅水晶的符號——白色背景加上紅色邊框的菱形（見下頁圖 4-14）。然而，一如所有需要國際同意的情況，提案遭到駁回。

東加王國：曾與紅十字會同標誌

紅十字會的符號背後還有另一個有趣的故事。1862 年（《日內瓦第一公約》簽訂前兩年），地球的另一端成立了新的國家——迷你的東加王國。和太平洋地區許多島嶼一樣，東加群島也是庫克船長所發現。而後，英國傳教士很快的讓當地人民都皈依基督教。事實上，基督信仰在東加影響深遠，當地法律至今仍禁止人民在星期天工作。

1862 年，東加的領導階級選定白色背景加上紅色十字架的設計，作為他們的國旗（見第 85 頁圖 4-15）。幾年之後，他們發現同樣的標誌成了國際組織紅十字會的象徵。國際聯盟當時還不存在，東加人無

▲圖 4-10，瑞士國旗，紅
十字會標誌的靈感來源。

▲圖 4-11，紅十字會標誌。

▲圖 4-12，有 33 個穆斯林國家，旗
幟採用紅色彎月。

▲圖 4-13，以色列將紅色大衛之星放
在國旗上。

▲圖 4-14，紅水晶，針對國際人道行
動所提出的宗教中立符號，但是遭到
駁回。

▲圖 4-15，東加王國國旗（1862 年～
1866 年）。

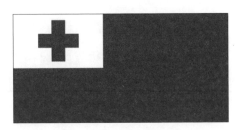

▲圖 4-16，現代的東加王國國旗（1866
年後）。

法對任何人提出抗議，所以東加的國旗勢必改變（見圖 4-16）。

喬治亞：耶路撒冷十字架

　　喬治亞這個古老的國家位在外高加索地區，國旗上同樣也有紅色
十字架（見圖 4-17）。事實上，十字架一共有 5 個：1 個大的和 4 個
小的。這樣的紋章設計稱為「耶路撒冷十字架」，首次出現是在一千
多年前，第一次十字軍東征所建立的以色列王國的旗幟上，5 個十字架

▲圖 4-17，喬治亞國旗（2004 年後）。

象徵著耶穌基督的 5 個傷口。

　　雖然這樣的設計已經存在了近 500 年，當前的喬治亞國旗則相對年輕許多。2003 年，玫瑰革命在米哈伊・薩卡希維利（Mikheil Saakashvili）的領導下於喬治亞爆發。耶路撒冷十字架的旗號成為抗爭者的主要象徵，並且在薩卡希維利當上總統後成為喬治亞國旗。

馬爾他：沒有領土卻有獨立主權

　　世界上還有一面國旗是紅色背景白色十字架的：馬爾他。這面國旗看起來介於瑞士和丹麥之間，是馬爾他騎士團的官方旗幟（見第 88 頁圖 4-18）。直到十九世紀初，騎士團都以馬爾他為基地。

　　馬爾他騎士團很特別。雖然沒有任何土地，但成員依然把自己視為主權獨立的實體。他在聯合國和歐洲議會都有正式觀察國的地位，印製自己的貨幣和郵票，也在大多數國家派遣大使。但令人困惑的是，他的首都已不再是馬爾他，而在羅馬。

　　馬爾他騎士團成立於十一世紀的耶路撒冷。一開始，成員會為來到聖地的貧困朝聖者提供住宿和醫療的幫助。因此，騎士團也被稱為「醫院騎士團」。而醫院騎士團的旗幟和瑞士國旗相似，瑞士又是紅十字會的創始之地，都是美麗的旗幟學巧合。

　　穆斯林取得巴勒斯坦後，醫院騎士團轉移到希臘的羅德島。接著，鄂圖曼土耳其帝國於 1522 年，在蘇萊曼大帝的領導下征服羅德島。騎士團最終在馬爾他成立新的基地，把名字改為馬爾他騎士團。1799 年，

騎士們又被拿破崙從馬爾他驅逐。

馬爾他在拿破崙戰爭中扮演著重要的角色。事實上，馬爾他騎士團有個影響力極強的成員：俄國沙皇保祿一世。沙皇深深以自己身為騎士團的一員為傲（這很不尋常，畢竟騎士團是天主教的），甚至將馬爾他十字架放在俄羅斯國徽上。當拿破崙忙著推翻歐洲的君主制度時，俄羅斯帝國努力讓自己置身事外，但當拿破崙攻占馬爾他，俄羅斯就決定參戰，最終導致拿破崙的敗亡。

在某個時間點，馬爾他甚至曾被視為俄羅斯的領土。誰知道呢？假如沙皇保祿沒有在宮廷政變中被殺害，歷史發展或許會很不一樣，而馬爾他可能仍是俄國領土的一部分。不過事實是，拿破崙被推翻後，馬爾他就成為大英帝國的保護國（見下頁圖 4-19、4-20）。

第二次世界大戰期間，馬爾他再次在同盟國的勝利中扮演重要的角色，這次是面對希特勒。溫斯頓·邱吉爾將這個島嶼稱為「永不沉沒的航空母艦」，而英王喬治六世更將喬治十字勳章贈予這個保護國。

馬爾他於 1964 年獨立後，這個十字勳章成為現代馬爾他國旗（見下頁圖 4-21）的一部分。假如仔細看，你可以在上面看見「致勇氣」的字樣，以及我們親愛的老友聖喬治持劍屠龍的英姿。除了馬爾他之外，只有中美洲國家貝里斯的旗幟上也有人類的圖案。

希臘：曾和 BMW 有相同基礎色

既然提到羅德島，就來談談希臘吧。從十五世紀到十九世紀，希

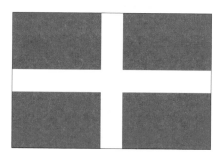

▲圖4-18，馬爾他騎士團旗幟。

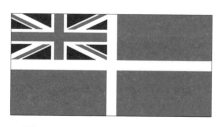

▲圖4-19，馬爾他島直轄殖民地旗幟（十九世紀）。由騎士團旗幟和聯合旗組成。

▲圖4-20，馬爾他島直轄殖民地旗幟（1875年～1898年）。樣式更接近其他大英帝國殖民地。

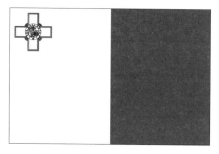

▲圖4-21，現代的馬爾他國旗（1964年後），是全世界唯一繪有外國勳章圖案的國旗。

臘的領土都在鄂圖曼土耳其帝國的統治之下。直到 1830 年，希臘人對土耳其人發動革命，才建立了希臘王國。

現代的希臘曾有兩面官方國旗。其中一面是藍色背景加上白色十字架（見圖 4-22。受到芬蘭國旗的間接影響），但我們所熟悉的另一面則是左上角有一個十字架，再加上交錯並列的藍白條紋（見圖 4-23）。

看起來或許很奇怪，但這 9 道條紋其實沒有特殊的理由。據傳，這是因為「不自由，毋寧死」的希臘文有 9 個音節，或希臘文「自由」這個單字有 9 個字母。另一種說法，則是古老希臘神話中有 9 位繆思

▲圖4-22，在1882年～1969年和1975年～1978年間，希臘的第二面官方國旗。芬蘭本來也可能有相同的國旗。

▲圖 4-23，現代的希臘的國旗，於1822 年採用，是 1978 年後唯一的官方旗幟。

▲圖 4-24，巴伐利亞自由州的旗幟。

▲圖 4-25，BMW 的標誌是以巴伐利亞旗幟為基礎。

▲圖4-26，希臘海軍軍旗，上面有巴伐利亞的圖樣和十字架與皇冠（1833年～1858年）。

▲圖4-27，希臘軍政府採用的旗幟（1970年～1975年）。

女神。

希臘國旗上藍色的演變也很有意思，反映出國家獨立的歷程。

希臘獨立後的第一位國王是巴伐利亞王子奧圖，而國旗的淺藍色來自巴伐利亞的旗幟（見上頁圖 4-24）。你或許因為 BMW 汽車（見上頁圖 4-25）而覺得巴伐利亞的旗幟很眼熟。有人說，這個標誌代表的是推進器，紀念著 BMW 是製造飛機引擎起家。事實上，這個標誌的顏色是巴伐利亞國旗的代表色。

所以說，BMW 和希臘的國旗在歷史上有所連結。誰想得到呢？

希臘旗幟上藍色的有趣演變，有一部分是由政局的改變所導致。第二次世界大戰後，希臘雅典爆發出王室、左派和右派的各種政治勢力。最終，1967 年的軍事政變讓希臘軍政府奪權。軍政府用獨裁方式治理國家，強力鎮壓並逮捕許多反對者。然而，也因為他們推行的改革，希臘的經濟開始成長。在掌權期間，軍政府於 1970 年採用了新的旗幟，上面的藍色很深，接近黑色（見上頁圖 4-27）。

1973 年，沙烏地阿拉伯為了削弱以色列的盟友，急遽降低石油出口，造成全球經濟危機，也重挫了希臘的經濟。美國被迫減少對希臘的援助，使經濟狀況更加惡化。為了轉移人民的注意力，軍政府在賽普勒斯發起軍事政變，希望讓該座島嶼和希臘統一。然而，如同我們在前一章所見，他們低估了土耳其的反應。土耳其對賽普勒斯的入侵，導致希臘軍政府垮臺，而暫時掌權的將軍康士坦丁·卡拉曼利斯（Constantine Karamanlis）則確保了民主選舉的順利舉行。

聖馬利諾：古老共和國與皇冠的微妙連結

藍色和十字架的元素也出現在世界上面積最小、歷史也最悠久的國家之一的國旗上：聖馬利諾。聖馬利諾和梵蒂岡及賴索托並列為世界三個國中國[4]。聖馬利諾在四世紀初，由名叫馬利諾的基督徒所創立。後來，馬利諾因為信仰而遭到處決。

聖馬利諾的國旗是藍白雙色旗，中央是該國的國徽（見下頁圖4-28）。國徽中有 3 座塔，是現今聖馬利諾主要的景點和象徵。在國徽上方是裝飾有十字架的皇冠——象徵著獨立。國徽和國旗上出現皇冠，其實有些微妙，因為聖馬利諾被認為是世界上最古老的共和國。

梵蒂岡：擁有最多十字架的國旗

國旗上有最大量十字架的國家，肯定非梵蒂岡莫屬了（見下頁圖4-29）。

古羅馬皇帝卡里古拉（Caligula）為母親阿格里皮娜（Agrippina）在梵蒂岡山上蓋了一座競技賽馬場。後來，聖彼得在那裡被釘上十字架。《聖經》中，耶穌對彼得說：「我要把天國的鑰匙給你。」（馬太福音 16:19）梵蒂岡國旗上的金銀色鑰匙，就是經文中的鑰匙。

---

4 編註：聖馬利諾被義大利包圍；梵蒂岡位於羅馬城內，不只是被義大利包圍，更是「城中之國」；而賴索托則是被南非共和國包圍。

▲圖 4-28，聖馬利諾國旗（1862 年後），旗中的 3 座塔是聖馬利諾的主要景點。

▲圖 4-29，梵蒂岡國旗，是世界上唯二的正方形國旗。

鑰匙上方是三重冕：教皇的頭冠。事實上，這個頭冠最初只是相對樸實的頭飾。直到八世紀，主教戴的都是「弗里吉亞帽[5]」。接著，珠寶出現在帽子上——然後就越走越偏了！一開始是珍貴的紅寶石，一步一步的，樸實的帽子就此演化成鋸齒皇冠。

頭冠的一次重大改變發生在教皇博義八世（Boniface VIII）時期。博義八世不幸在歐洲的關鍵時期當上教皇，當時的封建分化已經成為過去，君主們開始掌握越來越多的權力。為了對抗法王菲利四世，教皇發布詔令，重申自己的地位應當超越任何世俗的權力。為了強調這一點，他在頭冠上又加了第二層。可惜，這仍無法救他一命。最終，法王成功逮捕教宗，指控他篡奪權力和雞姦，甚至還散播他眷養惡魔當寵物的謠言。

---

5 編註：一種與頭部緊密貼合的軟帽，其帽尖向前彎曲，典型的顏色是紅色。漫畫《藍色小精靈》中，小精靈也戴這種帽子。

　　40 年後，另一位教皇本篤十二世（Benedict XII）在教皇的頭冠加上第三層。具體的動機已不可考，不過，「3」這個數字在基督信仰中本來就是重要的概念。

　　在加冕典禮上穿戴教皇的頭冠這項傳統，在 1978 年義大利的若望保祿一世（John Paul I）成為教宗時中斷。他透露著梵蒂岡罕見的謙遜和簡單。若望保祿的在位期間很短暫，登基後一個月就與世長辭。當然，陰謀論因此出現，認為是梵蒂岡心懷不軌的人士害怕他的激進改革，因此將他毒害。

　　若望保祿一世後的教宗都不再戴頭冠了。2005 年，本篤十六世首度在個人的教宗紋章上加入樸實的主教冠。下一任教宗方濟各也遵循本篤的先例。誰知道呢，或許有一天，三重冕不只會從教宗個人的紋章上消失，也不會再出現在梵蒂岡的國旗上。

　　有趣的是，梵蒂岡國旗的顏色本來可能是黃色和紅色，因為梵蒂岡衛兵傳統上都使用這兩色。但**教皇庇護七世為了區別自己的部隊和拿破崙制下的義大利部隊，在 1808 年把紅色改成白色**。因此，我們可以說**拿破崙的影響力甚至擴及了梵蒂岡的國旗**。

　　隨著十九世紀的義大利復興運動（Risorgimento），教皇國遭義大利併吞。接下來的半個世紀，教宗只能在梵蒂岡管理該領土。直到 1929 年，義大利領導人墨索里尼與教宗庇護十一世（Pius XI）簽訂《拉特蘭條約》（Lateran Treaty）宣告梵蒂岡成為獨立國家。

　　在我們的時代，梵蒂岡國旗也發生了有趣的故事。2023 年，旗幟愛好者突然發現有不正確的版本在世界各地流竄！事實上，維基百科多年來呈現的梵蒂岡國旗上，三重冕內的碟形都是紅色的（而正確的

版本應該是白色）。從維基百科開始，這個錯誤在網路上傳開，甚至影響到谷歌和臉書的表情符號圖庫。

多明尼加共和國：從海地國旗演變而來

　　另一個國旗上出現許多基督教符號的國家是多明尼加共和國。多明尼加共和國和海地在同一個島嶼上。事實上，多明尼加共和國曾經是海地的一部分，而他的國旗正是由海地的國旗演變而來，海地的國旗又是源自法國的三色旗（見第 96 頁圖 4-30 ～ 4-33）。

　　比較海地和多明尼加共和國的國旗（以及兩國的命運），就像是同學會上比較大家的出路發展一樣有趣。兩個國家在同樣的島嶼上，一開始擁有的機會也相等。和海地一樣，多明尼加共和國在上個世紀大部分的時間，也受到殘暴獨裁者（拉斐爾・特魯希略，Rafael Trujillo）的統治。他的家族收入占了全國收入的 40%，他對女性的慾望和貪戀為他贏得了「El chivo」（山羊）的綽號，每天都派人送新的女人到他面前。然而，現在多明尼加共和國的國內生產毛額卻高出海地 10 倍。

多米尼克：將紫色鸚鵡羽毛用在國旗上

　　距離多明尼加共和國（Dominican Republic）不遠，有個同樣在

加勒比海上的國家，叫做多米尼克（Dominica）。兩個名稱總是被搞混，但若探究其字源卻又截然不同。多明尼加共和國得名於「道明會」（Dominican Order）創辦人，該會的成員有時被稱為「上帝之犬」——這是拉丁文「Domini canes」的諧音。多米尼克的國名則來自拉丁文「dominica」，意思是星期日，因為哥倫布在星期日發現這座島嶼。

多米尼克的國旗上（見下頁圖 4-34）也有十字架，其獨特之處在於國旗上有紫色（另一個國旗有紫色的國家是尼加拉瓜）。這種紫色是西瑟羅鸚鵡（sisserou）羽毛的顏色。多米尼克人以西瑟羅鸚鵡為傲，甚至把這種鳥放在國旗和國徽上。然而，根據估計，該種鸚鵡 2019 年在全世界只剩下 50 隻成鳥。

葡萄牙：把盾牌排成十字架

另一個國旗上有十字架的歐洲國家是葡萄牙。和其他國家不同，葡萄牙國旗十字架的形態並不明顯，但他們還是一度差點失去這個十字架。讓我們一步一步來解釋吧。

我們可以像剝洋蔥那樣，一層一層研究葡萄牙的國旗（見第 97 頁圖 4-37），每一層背後都有個有趣的故事。國旗的中央是國徽，國徽的中央是葡萄牙之盾，而這面盾牌又由 5 面盾牌組成，每個盾牌又各有 5 個實心的圓形（在紋章學稱為「bezants〔比占〕」）。和喬治亞國旗一樣，5 這個數字象徵著耶穌基督的 5 個傷口。

傳說中，葡萄牙之盾在十二世紀的國王阿方索一世期間成為葡萄

▲圖 4-30，海地的國旗（1820 年～ 1949 年）來自法國三色旗，但移除 了白色部分。

▲圖 4-31，發動革命讓多明尼加獨立 的祕密組織所使用的旗幟。

▲圖 4-32，多明尼加共和國國旗 （1844年～1849年），於第一次獨 立期間使用。

▲圖 4-33，現代的多明尼加共和國國 旗，在旗的中心十字交叉處有一個小 的國徽。

▲圖 4-34，多米尼克國旗（1990 年後），國旗中 的西瑟羅鸚鵡是多米尼克國鳥。

▲圖 4-35，阿方索一世的旗幟
（1143 年）。

▲圖 4-36，葡萄牙國旗（1830 年～
1911 年）。

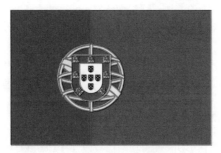

▲圖 4-37，現代的葡萄牙國旗（1911
年後）。

牙國徽（見圖 4-35）。當時，耶穌在某一場重大戰役的前夕，出現在
他面前。軍事行動前的神明顯靈，顯然在全世界的紋章學中都有著深
遠的影響。

　　葡萄牙之盾的周圍有 7 座黃金色的城堡，後方的背景則是紅色。
這些元素很可能是從西班牙古國卡斯提爾（Castile）流傳到葡萄牙，同
樣的城堡也出現在西班牙的國旗上。

　　最後，國徽的最外圍是渾天儀，水手會使用這項天文儀器來判斷
天體的座標。渾天儀是在 1807 年，葡萄牙王室家族為了躲避拿破崙，

逃亡至巴西後出現在國徽上。巴西獨立後，也在自己的旗幟上留下了渾天儀的圖樣。

好了，我們解釋完葡萄牙的國徽。現在，來看看國旗上的紅色和綠色。這裡的解釋就沒有那麼直接明顯了。

一直到二十世紀初期，葡萄牙國旗的主要顏色都是白色和藍色。這兩種顏色和葡萄牙王室關係密切，而白色同時也普遍象徵著聖母瑪利亞和基督信仰。

葡萄牙的王室一直持續到二十世紀。1908 年，共和國恐怖分子在里斯本刺殺國王卡洛斯一世（Carlos I）和他的長子。於是，葡萄牙的王位傳給卡洛斯的次子，但他對藝術比對政治更有興趣。18 個月後，年輕的國王被罷黜，葡萄牙宣告成為共和國。

當然，這些事件也都反映在國旗上（見上頁圖 4-36、4-37）。首先，共和派人士將皇冠移除，但還是覺得不夠，就把藍色和白色換成他們黨徽上的綠色和紅色。令人意外的是，革命分子並未把所有基督教象徵都移除，他們把盾牌用十字架的形式保留了下來。

推翻國王後的 16 年，葡萄牙出現 17 次軍事政變，政權轉移了 44 次。1926 年，又一場軍事政變爆發，而天主教大學教授安東尼奧・德・薩拉查（Antonio de Salazar）成為葡萄牙政府的經濟部長。年輕的薩拉查本來想要成為天主教神父，後來卻成了國家的獨裁者長達 36 年。

葡萄牙人對薩拉查的感覺很矛盾。他雖然是法西斯傾向的獨裁者，卻又為國家帶來了驚人的經濟成長，讓葡萄牙不再是歐洲最落後的經濟體。

1968 年，老邁的薩拉查在他的椅子上一晃，跌落時頭部狠狠著地。

在那之後，他又活了兩年。雖然他已不再統治葡萄牙，但還是持續在病房裡舉行沒有意義的內閣會議，而他的朋友甚至會為他印製最新的政府報紙，刪去可能會讓他不快的新聞。幾年之後，葡萄牙爆發康乃馨革命，在許多葡萄牙殖民地也引發了爭取獨立的連鎖反應。

雖然葡萄牙在二十世紀的歷史波瀾起伏，但國旗自 1911 年後就不曾改變，有著同樣的基督教象徵和共和國革命分子的代表色。

巴西：從宇宙遠處望過來的南十字星座

前面已經提到，葡萄牙在 1822 年失去了主要的殖民地巴西。

當葡萄牙王室為了逃避拿破崙而前往拉丁美洲時，造成了特殊狀況：某個歐洲國家的首都不在歐洲，而在巴西。

拿破崙被打敗後，葡萄牙國王胡安從巴西逃亡回到葡萄牙，把兒子佩德羅留在里約熱內盧擔任總督。但 1 年後，佩德羅宣告巴西從葡萄牙獨立，加冕為巴西第一任國王佩德羅一世。

佩德羅是充滿活力又多才多藝的統治者。他熱愛音樂，曾為巴西和葡萄牙寫了兩首頌歌，甚至投入馬匹的訓練、鐵匠工作和木雕，還會說多種語言。

他的前幾份詔令和新的國旗有關。旗幟（見第 101 頁圖 4-38）的中央是放在黃色菱形中的紋章，背景則是綠色。紋章上繪製著咖啡枝和菸草，是當時巴西的主要出口產品（也代表著上班族的不良習慣）。國旗中也有與葡萄牙國旗相同的渾天儀，象徵著兩國共同的根源。

　　葡萄牙的胡安國王過世後，葡萄牙王位傳給已經是巴西國王的世子佩德羅一世。於是，巴西和葡萄牙有了重新統一成單一國家的機會。但佩德羅知道巴西並不想喪失獨立地位，因此將葡萄牙的王位禪讓給他 7 歲的女兒瑪莉亞。此外，他試圖安排女兒和弟弟米格爾的婚姻（也就是叔叔和姪女的婚姻）。米格爾叔叔一開始假裝同意這個計畫，但很快就奪取權力，宣稱自己是葡萄牙唯一的國王。現在，你知道巴西電視節目的靈感都從哪裡來了吧？

　　在臨終前，佩德羅要求將屍體葬於巴西，但心臟送到葡萄牙保存。2022 年，巴西慶祝建國 200 週年。為了紀念，葡萄牙暫時將佩德羅的心臟以甲醛保存送到巴西。佩德羅一世的兒子也叫佩德羅，成為巴西第二任也是最後一任國王。巴西在 1889 年成為共和國，背後的成因也反映在當時的巴西國旗上：咖啡和菸草。

　　當時，巴西是少數還保有奴隸制度的大國。歐洲商船會在世界「黃金三角」間往來貿易，而南美洲就屬於三角貿易的其中一站。首先，商船到非洲購入奴隸，然後前往拉丁美洲販售奴隸，購買咖啡、菸草和其他貨品，接著再帶著貨物回到歐洲。

　　傳統上來說，英國商人在這樣的貿易中獲利最高，但接著英國政府就禁止公民參與奴隸貿易。那之後，英國開始向巴西和其他國家施壓，逼迫他們也在各自的國內廢除奴隸制度（不只是為了人道主義，也是為了不要讓奴隸主人擁有比英國殖民地更大的競爭優勢）。最終，巴西在 1889 年通過《黃金法案》，其中只有兩項規定：

　　1. 從即日起，巴西宣告廢止奴隸制度。

　　2. 任何相反的提議均會被駁回。

▲圖 4-38，巴西帝國國旗（1853 年～1889 年）。

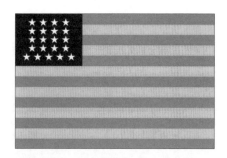

▲圖 4-39，巴西聯邦共和國的臨時國旗（1889 年）。

▲圖4-40，巴西聯邦共和國的第一面國旗，21顆星（1889年～1960年）。每個新的聯邦加入，就會增加一顆星。

▲圖 4-41，澳洲國旗，由地面往天空仰視南十字星。

▲圖 4-42，巴西國旗上的南十字星座，與其他國家相反。

　　這條法律讓巴西終於脫離了歷史上可恥的篇章，但卻在廣大的巴西地主間造成民怨，使得國王因而失勢。巴西成為共和國，而國旗選擇的問題也再次浮現。

　　巴西共和國建立的前 4 天，使用的是受到美國國旗所啟發的旗幟（見上頁圖 4-39）。然而，臨時總統因為這樣的相似性而駁回提案。相對的，他認為新共和國的國旗應該和舊的王國國旗類似，才能展現傳承。

　　新的國旗（見上頁圖 4-40）有著和王國國旗一樣的黃色菱形和綠色背景。旗子的中央是藍色的碟形星空，以及彎曲的白色條紋，寫著「Ordem e Progresso」（秩序與進步）的字樣——這是巴西的國家銘言，引用自法國哲學家奧古斯特・孔德（Auguste Comte）的著作。

　　星空中有許多有趣的符號，讓我們更仔細看看吧。

　　巴西國旗上星星的數量和巴西各州的數量相同。當國旗誕生時，共有 21 顆星。接著，星星的數量隨著州數漸增。然而，如果要採用新的國旗，就必須通過國會同意，所以國旗上星星的數量可能比實際州的數量落後好幾年，甚至十多年。如今，巴西的國旗上有 27 顆星。

　　國旗上星星的排列對映著 1889 年 11 月 15 日的巴西夜空：那是巴西的獨立日。1992 年，巴西天文學家微調了國旗上星星的位置，以符合當時的星空。

　　國旗上星星的大小也不同——州的面積越大，星星就越明亮。容我提醒你，澳洲本來也希望讓國旗上星星的亮度配合每個州的大小而不同，但最後決定不要那麼複雜。巴西的旗幟學家就沒有那麼膽怯了。

　　巴西和澳洲的國旗還有個共通點，就是南十字星座。假如仔細看，

你就能在巴西的國旗上找到。

　　唯一可能讓觀察者感到困惑的是，巴西國旗上的南十字星座較小的那顆星在左側，而不是右側。這不是畫錯了：在澳洲和其他國家國旗上，該星座呈現的是由地面往天空仰視的樣子。相反的，巴西國旗上的南十字星座則是從宇宙無限遠處看過來──也就是從另一側來看這個星座（見第 101 頁圖 4-41、4-42）。

　　為了要為星星的主題做個結尾，我希望你能注意到，只有一顆星在巴西國旗白色的彎曲線條上方。這顆星象徵的是帕拉州（Pará），是巴西唯一位在北半球的州。在帕拉州，有個城市名為「福特藍迪亞」（Fordlândia）。當時，建城者亨利·福特想為他的汽車建造專屬的橡膠工廠，卻以失敗告終。

　　再考考你一道地理題：哪個國家和法國有最長的邊界？正確的答案是巴西，法屬蓋亞那和巴西的邊界。

5 羅馬人流傳下來的鳥

**羅馬文明對於整個人類文明的發展，有著最深遠的影響。
國旗和國徽上最常出現的老鷹象徵，根源也來自古羅馬。**

　　傳說中，羅馬的戰神瑪爾斯（Mars）曾經強暴寺廟女祭司莉亞·希爾維亞（Rhea Silvi），使她產下一對雙胞胎羅穆盧斯（Romulus）和雷穆斯（Remus）。莉亞是維斯塔貞女（Vestal Virgin），立誓終生守貞，於是在生產後，被判處了死刑，而兩個孩子則被拋棄在河邊等死。然而，奉命的侍從卻將他們放在籃子裡，讓籃子順流而下。

　　幸運的是，河神提比略（Tiberius）很同情他們。他娶了莉亞，而他的河水把兩個男孩往下游送，交給一隻母狼照顧。男孩們接著被牧羊人收養。當他們成年時，決定在母狼發現他們的地方建立城市，但是在選址上出現歧見。經過一番爭執，羅穆盧斯殺了雷穆斯，他獨自建造城市，並用自己的名字取名為「羅馬」。

　　人們習慣用這個傳說來介紹古羅馬的歷史——**古老的羅馬文明對於整個人類文明的發展，可以說有著最深遠的影響。**當然，這也影響了我們的紋章學。國旗和國徽上最常出現的老鷹象徵，根源也來自古羅馬。

想必傳說中將古羅馬從野蠻人手中拯救出來的鵝[1]應該覺得很不是滋味吧。

在羅馬帝國時代，現代概念中的旗幟或國徽都還沒有出現。不過，他們仍有屬於自己的紋章——軍團的軍旗（見第 108 頁圖 5-1）。最初，每個軍團都有 5 面軍旗，圖騰分別是狼、公牛、馬、野豬和老鷹。但後來軍官蓋烏斯·馬略（Gaius Marius）把老鷹定為最高階的象徵，因為老鷹和眾神之王朱庇特（Jupiter）有所連結，其他的圖騰則遭到廢除。

因此，羅馬的老鷹可以說是異教徒的象徵，許多西方國家卻選擇將其納入紋章中，就很有意思了。首先，它出現在古羅馬的遺址上，然後傳遍了全世界。有時候會出現有趣的變異版：老鷹會多長出 1 顆頭，或是不只 1 顆。舉例來說，土庫曼總統官方旗幟上的老鷹就有 5 顆頭。

老鷹在基督信仰中是重要象徵。《舊約聖經》描述某位先知看見的預兆，就是由人類、獅子、公牛和老鷹這 4 種生物構成的某種存在。在當今的基督信仰中，這 4 種生物和 4 位傳道者（四福音書的作者）連結。老鷹是福音傳道者聖約翰的象徵。因此，國旗和國徽上有老鷹的基督教國家可將其歸結到《聖經》，而不是古羅馬的異教徒信仰。

四世紀，羅馬皇帝君士坦丁把帝國一分為二。西半部以羅馬為中心，承受了蠻族的侵略，國祚相對短暫。東半部稱為拜占庭帝國，以

1　編註：據傳古羅馬曾被北方來的高盧人大舉入侵，羅馬人只能退守聖山。一天夜裡，高盧人準備偷襲時，被養在山頂的白鵝突然大聲啼叫，叫醒眾人，羅馬人也因此絕處逢生。

君士坦丁堡為中心，存在了超過 1,000 年。

拜占庭把君士坦丁堡定為首都，但自稱為羅馬人（不過，羅馬本身在歷史的大部分時期都不屬於拜占庭帝國的一部分）。因此，他們會使用老鷹的象徵也不意外了。**這隻老鷹有兩顆頭，面對不同的方向，象徵著拜占庭對歐洲和亞洲的強大影響力**（見第 108 頁圖 5-2）。

鄂圖曼帝國蘇丹穆罕默德二世在 1453 年征服君士坦丁堡，迫使許多拜占庭教會人士逃亡俄羅斯，將莫斯科稱為「第三羅馬」（君士坦丁堡是第二羅馬），而拜占庭的雙頭鷹也鄭重的飛進俄羅斯帝國的國徽裡。

有趣的是，我們如今可以在基輔看到這隻雙頭鷹。它的圖騰出現在烏克蘭首都最重要的紀念性建築：聖索菲亞大教堂 [2] 上。自從俄羅斯在 2014 年對烏克蘭發動戰爭後，烏克蘭的網路就出現許多困惑的發文，質疑這隻「雙頭雞」（烏克蘭人對俄羅斯老鷹的暱稱）在那裡做什麼。歷史學家和旗幟學家耐心的解釋，這是拜占庭的老鷹而非俄羅斯，而聖索菲亞大教堂興建於十一世紀，當時莫斯科根本還不存在，更別提俄國國徽了。

老鷹在西歐的紋章學也有著崇高的地位。老鷹同樣來自羅馬帝國，停留在日耳曼王國和神聖羅馬帝國的紋章上。

日耳曼王國成立於十世紀初期，統一了數個日耳曼公國，並由捕

2　編註：此為位於烏克蘭首都基輔市中心的教堂。名稱來自六世紀建造於君士坦丁堡的聖索菲亞大教堂。

▲圖 5-1，古羅馬軍隊的軍旗，SPQR 意即「元老院與羅馬人民」。

▲圖 5-2，拜占庭的雙頭鷹，象徵拜占庭對歐亞的影響力。

▲圖 5-3，神聖羅馬帝國的老鷹。

鳥者亨利一世（Henry I the Fowler）登基為第一任國王。傳說中，他之所以得到這樣的稱號，是因為信使傳來稱王的消息時，他正在修補自己的捕鳥網。這倒是呼應了王國的旗幟和國徽——黃色背景上的黑色老鷹。

當然，當亨利批准了國旗和國徽時，並不知道自己有這個外號。

半個世紀後，日耳曼王國在亨利的兒子鄂圖一世（Otto the Great）的統治下，成為神聖羅馬帝國。西元 960 年，教皇若望十二世向鄂圖尋求政治鬥爭上的幫助，派遣部隊進入羅馬。鄂圖同意了，在兩年之內征服了大部分的義大利。對此，教皇加冕他稱帝。於是，日耳曼王國成了神聖羅馬帝國，而國旗上的老鷹長出第 2 顆頭（見圖 5-3），就像拜占庭的雄鷹。

1 年後，鄂圖推翻了若望十二世，終結了歷史學家所謂的「情色統

▲圖 5-4，奧地利帝國的國旗。

▲圖 5-5，奧匈帝國的旗幟。

▲圖 5-6，現代的奧地利國旗（1945 年後）。

▲圖 5-7，奧匈帝國的國徽，幾乎
包含所有領地的紋章。

▲圖 5-8，奧地利的國徽──老鷹的爪
子抓著代表社會主義的鐮刀和鐵鎚。

治」（pornocracy）或「妓女的統治」，指的是教皇們陷溺於情慾和放蕩之中。

神聖羅馬帝國和拜占庭王國一樣，持續了將近 1,000 年，不過在滅亡之前，借用伏爾泰的說法，**「神聖羅馬帝國既不神聖，也不羅馬，更不是帝國」**。歷史記載，神聖羅馬帝國在 1806 年，軍隊被拿破崙打敗後滅亡。皇帝法蘭茲二世（Franz II）被迫宣告帝國瓦解（同時將摯愛的女兒獻給拿破崙這位來自科西嘉島的怪物）。

奧地利：染血的袍子

而後，奧地利帝國取代神聖羅馬帝國，出現在歐洲的地圖上。同樣的雙頭鷹成為奧地利的國徽，但國旗則更簡化，變成黑與黃的雙色旗（見上頁圖 5-4）。這兩種顏色來自先前神聖羅馬帝國國旗上的黑色老鷹和黃色背景。

然而，奧地利帝國和他的國旗都沒有撐太久。從民族之春開始，維也納就出現激烈的民族解放運動。很快的，維也納被迫臣服於匈牙利，奧匈帝國在 1867 年建國，領土包含了當今的奧地利、匈牙利、波士尼亞與赫塞哥維納、斯洛伐克、斯洛維尼亞、克羅埃西亞、捷克共和國、羅馬尼亞和烏克蘭。新的旗幟很不尋常，是由 2 面國旗和 2 個包含皇冠的國徽組成（見上頁圖 5-5。2 個皇冠或許可以說是因為雙頭鷹剛好有 2 顆頭）。不過，這和奧匈帝國的國徽（見上頁圖 5-7）比起來，絕對是相形見絀，因為國徽幾乎吸收了所有領地的紋章。這個國

徽可以花上好幾個小時探索，上面一共有 14 隻老鷹，其中有 3 隻是雙頭鷹。（數學題：這個國徽上一共有幾隻老鷹呢？）

以下這個有名笑話或許就是在這個時期出現：奧地利大公在打獵時射到 1 隻老鷹，很驚訝的發覺牠竟然只有 1 顆頭。

第一次世界大戰後，帝國分裂成多個不同的國家。奧地利最後得到了我們現今看到的紅－白－紅國旗（見第 109 頁圖 5-6）。這面旗幟自從十三世紀就為奧地利人所使用，當時的利奧波德公爵在戰役獲勝時，從染血的袍子上解下腰帶，看見下方的白色條紋。他喜歡自己看到的，於是決定用這件染血的袍子作為國旗。

不過，雙頭鷹象徵仍被保留下來──如今還在奧地利國徽上（但變成單頭黑鷹，見第 109 頁圖 5-8），其爪子握著鐮刀和鐵鎚。真是峰迴路轉：在資本主義的奧地利共和國國徽上，描繪著皇室的老鷹，並拿著社會主義的鐵鎚和鐮刀。

德國：對抗拿破崙部隊制服的顏色

神聖羅馬帝國的另一個後裔是現今的德國，他的紋章上也有老鷹，但和奧地利一樣，只出現在國徽而非國旗上。然而，和奧地利的猛禽不同，德國的老鷹（見下頁圖 5-9）什麼也沒有拿。在希特勒的統治期間，老鷹倒是抓著法西斯的 卐 字記號，周圍環繞著橡樹枝（見下頁圖 5-10。這也是古羅馬的象徵）。

至於國旗本身，德國的國旗史由兩種三色旗交錯而成：黑－紅－

▲圖 5-9，德國目前的國徽。

▲圖5-10，納粹德國的國
徽（1935年～1945年）。

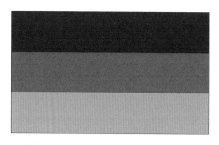

▲圖5-11，現代的德國國旗。首次
出現於1848年，後來的威瑪共和國
（1919年～1933年）、西德、東德
（1949年～1959年）也都使用黑－
紅－金三色旗作為國旗。

▲圖5-12，德意志帝國國旗（1871
年～1919年），1933年希特勒重新
選用，象徵德國往日的榮耀。

▲圖 5-13，納粹黨旗幟，於 1935 年
取代黑－白－紅三色旗成為德國唯一
官方國旗。

▲圖 5-14，納粹親衛隊其中一個軍
事單位的標誌：狼之鉤。

金（我們今日所看到的）和黑－白－紅。

現代德國國旗的黑－紅－金三色（見圖 5-11），源自於對抗拿破崙的德國部隊制服的顏色。這樣的顏色選擇沒有象徵意義，只是因為當時最容易取得的材料就是這些顏色。所以，當 38 個邦國在 1848 年形成德意志邦聯時，就選擇了這三色的國旗。

德國領土統一的下一個里程碑發生在 1871 年，德國當時正在普魯士的統治之下。黑－白－紅三色旗成為當時的國旗（見圖 5-12）。

接著，第一次世界大戰爆發。德國希望在幾個月內結束戰爭（奧托‧馮‧俾斯麥說，他不需要靠軍隊就能打敗大英帝國——光靠德國的警察就夠了）。事實上，歐洲陷入了 4 年的血腥屠殺。在德國境內，迫在眉睫的敗戰引發了革命，威瑪共和國取代德意志帝國，恢復了黑－紅－金三色旗。

然而，這沒有持續太久。納粹在 1933 年掌權，希特勒重新選擇黑－白－紅的國旗，象徵德國往日的榮耀，並創造納粹黨的旗幟（上面有卐字記號），當成另一面國旗。兩年後，納粹旗成為唯一的官方國旗（見圖 5-13）。

納粹德國採用的另一個符號，是中間被畫了一筆的字母「Z」，這被稱為「狼之鉤」（見圖 5-14），因為中世紀的異教徒相信，它有神奇的魔力，能驅逐野狼。在某種褻瀆的巧合（真的是巧合嗎？）之下，字母「Z」也成為俄國 2022 年侵略烏克蘭的主要象徵符號。

二戰後，德國區分為西德（德意志聯邦共和國）和東德（共產黨的德意志民主共和國）。接下來的 10 年間，兩國都採用相同的威瑪國旗，但東德在 1959 年加上自己的國徽，呈現出鐵鎚、羅盤和小麥枝。

塞爾維亞、蒙特內哥羅：雙頭鷹＋皇冠組合

另外，還有三個巴爾幹半島的國家在國旗上也有老鷹：塞爾維亞、蒙特內哥羅和阿爾巴尼亞。

不確定塞爾維亞國旗是如何出現的，不過有許多不同的傳說，其中之一是這樣的：在第一次對鄂圖曼土耳其帝國的革命期間，一位塞爾維亞代表到俄羅斯求助，他們組織了遊行，迫切需要一面旗幟，因此就把俄羅斯的國旗顛倒，當成自己的旗幟（見第 116 頁圖 5-15）。

第一次世界大戰後，塞爾維亞和克羅埃西亞、斯洛維尼亞統一，建立新的國家南斯拉夫。新的國旗是同樣的紅－藍－白三色旗。第二次世界大戰後，則再加上共產主義的紅星。

在 1991 年到 2001 年間，南斯拉夫爆發一系列戰爭，最後分裂為 6 個獨立國家，分別對應前南斯拉夫的 6 個共和國：塞爾維亞、蒙特內哥羅、斯洛維尼亞、克羅埃西亞、北馬其頓共和國，以及波士尼亞與赫塞哥維納。

在南斯拉夫瓦解後，塞爾維亞和蒙特內哥羅曾經是一個國家（稱為塞爾維亞與蒙特內哥羅），直到蒙特內哥羅在 2006 年舉辦獨立公投。公投的結果取得 55.5% 的蒙特內哥羅民意，只剛好超過規定的 55% 同意率。還有個有趣的事實：身為南斯拉夫的一部分，蒙特內哥羅最高階的網域是「.yu」，而獨立後就變成「.me」。

在 1993 年到 2004 年間，當蒙特內哥羅與塞爾維亞統一時，國旗的長度是世界最長（長寬比是 3：1，代表長度是寬度的 3 倍）。2004 年，蒙特內哥羅選擇了紅色背景、金色邊框，上面有拜占庭雙頭鷹和猶大之

獅的旗幟作為國旗（見下頁圖 5-16），之後會在衣索比亞的國旗上再看到這隻獅子。矛盾的是，蒙特內哥羅雖然是共和國體，卻還是在國旗和國徽上放了皇冠。

阿爾巴尼亞：穆斯林國家國旗，也見拜占庭老鷹

阿爾巴尼亞國旗（見下頁圖 5-17）上的雙頭鷹，和牠在歐洲旗幟上的猛禽同類有些不同，**這裡的雄鷹只有黑色的剪影，沒有皇冠、權杖或其他飾品。**二戰前，在某些版本的國旗上，老鷹還有一種不尋常的特徵——斯坎德培的頭盔（見下頁圖 5-18）。斯坎德培是阿爾巴尼亞歷史中對抗鄂圖曼土耳其帝國的英雄，這頂頭盔的特色是上面有著黃金的山羊頭。

二戰後，阿爾巴尼亞成為社會主義國家，山羊的頭盔被改成社會主義的星星。1992 年，星星又被移除，國旗變成現代、簡潔的風格。

阿爾巴尼亞的國旗採用基督信仰的拜占庭老鷹也很有意思，因為阿爾巴尼亞的多數人口都是穆斯林。事實上，來自古羅馬的異教徒老鷹不只遍布於基督教國家的旗幟上，也出現在穆斯林國家的。我喜歡這種跨宗教的文化借用！

▲圖 5-15，塞爾維亞國旗（1882 年後），顏色順序正好與俄羅斯顛倒。

▲圖 5-16，蒙特內哥羅國旗（2004年後），和聖馬利諾一樣，明明是共和國，國旗上卻有皇冠。

▲圖 5-17，現代的阿爾巴尼亞國旗（1992 年後）。

▲圖5-18，阿爾巴尼亞王國的旗幟（1928年～1939年），上面有斯坎德培的頭盔。

▲圖 5-19，天主教君主伊莎貝拉和費迪南的紋章。

▲圖 5-20，現代西班牙的國徽──雖然沒有老鷹，但有著古希臘神話的石柱，中央則是百合花。

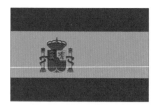

▲圖 5-21，現代的西班牙國旗（1981 年後）。

西班牙：西班牙式三條旗

我們可以在另一個歐洲大國的旗幟上看到老鷹圖案：西班牙。西班牙的國旗演變明確的反映著這個國家的歷史。

現代西班牙的歷史通常會從亞拉岡（Aragon）的費迪南二世（Ferdinand II）和卡斯提爾的伊莎貝拉在 1469 年的聯姻開始算起。費

▲圖 5-22，卡斯提爾王國的國徽——黃色的城堡。

▲圖 5-23，里昂王國的國徽——獅子是里昂的象徵。

▲圖 5-24，亞拉岡王國的國徽。現代西班牙國旗的顏色似乎就出自於此。

▲圖 5-25，格拉納達王國的國徽。攻克格拉納達酋長國是一連串收復失地運動的最後階段。

▲圖 5-26，納瓦拉王國。收復失地運動打斷了當地一連串的穆斯林政權。

▲圖 5-27，波旁－安茹王朝的紋章。西班牙旗幟上出現了一點法國的元素。

迪南和伊莎貝拉是堂親，所以這場婚姻需要取得教皇的特別許可（文件的簽署者是教皇庇護二世，但他早在 5 年前就過世，所以應該是偽造的）。因此，亞拉岡和卡斯提爾統一成新的國家，而其國徽經過一些改變後，持續留在西班牙的國旗上（見第 116 頁圖 5-19 ～ 5-21）。

國徽上最醒目的地方，屬於聖約翰傳道者的老鷹，還帶著光環。在鷹爪中握著一面盾牌，盾牌上有許多有趣的元素。

我們可以看到象徵卡斯提爾的城堡（見上頁圖 5-22）（卡斯提爾就是「城堡」的意思），先前已在葡萄牙國旗上看到這座城堡。接下來是代表里昂的獅子（見上頁圖 5-23。里昂在費迪南和伊莎貝拉的聯姻之前，就已經和卡斯提爾統一）。**垂直的黃色和紅色線條是亞拉岡王國的象徵，也是現代西班牙國旗主要的顏色（見上頁圖 5-24）**，在安道爾國旗上也會看到這些線條。最後是第 4 個紋章——這隻比較小的老鷹是兩西西里王國的象徵，該國早前已與亞拉岡統一。

而後，伊莎貝拉和費迪南在 1492 年征服格拉納達酋長國，結束了收復失地運動（亦即從摩爾人手中奪回伊比利半島），國徽的最底部又加上了石榴的圖案（見上頁圖 5-25）。西班牙在 1512 年征服納瓦拉後，又加上納瓦拉的國徽（見上頁圖 5-26）。納瓦拉國徽上的金色鎖鏈，代表的是三個世紀之前圍繞著摩爾人國王營帳的保護鍊條，而納瓦拉的國王則用自己的劍將之斬斷。

西班牙國徽最後加上的元素是百合花，每個人都認為和法國有關。1700 年，法王路易十四的孫子菲利浦五世繼承西班牙王位，於是在國徽上加入波旁－安茹王朝的紋章（見上頁圖 5-27）。**在西班牙的國旗上能找到法國的百合花，法國的國旗上卻沒有，這實在很有意思。**

國徽上也有一個戈爾迪安結（Gordian knot，傳說中，亞歷山大大帝用劍斬斷了這個結）和一綑箭，象徵的是要把箭一支一支折斷很容易，要整綑一起折斷卻很困難。

在繩結和箭的圖案中還潛藏著一個有趣的意涵。西班牙文的繩結和箭（yugo 和 flechas）和伊莎貝拉（Ysabel，是 Isabella 的另一種拼法）與費迪南這兩個名字的字首相同。

另一個後來加在西班牙國徽上的符號是為了紀念西班牙的地理發現。兩側的石柱代表的是赫丘力士之柱——直布羅陀海峽東端兩側的岬角。這個名稱來自希臘神話中赫丘力士的十二偉業之一，赫丘力士被要求將革律翁（Gerion）巨人的牛驅趕到邁錫尼（Mycenae）。為此，赫丘力士必須前往世界的最西端。在傳說的其中一個版本，赫丘力士切穿山脈，創造了直布羅陀海峽；另外一個版本裡，他讓既有的海峽變窄，以防大洋中的怪物進入地中海地區。

當西班牙航海家開始探索新的領域時，這些石柱就被賦予了特殊的意涵。據說，遠古時期直布羅陀地區的入海口，刻著拉丁文「Non plus ultra」（此處之外，再無一物）。但西班牙國王查爾斯一世（在他的帝國太陽永不落下）把「Non」移除，並將這句話當成座右銘。「Plus ultra」可以翻譯成「通向更遠方」。一段時間後，這也成為西班牙的銘言。

新世界的發現讓西班牙成為當時最富裕的國家之一。西班牙人的財富有一大部分來自波托西市（Potosí，現今的玻利維亞）最大的銀礦礦產。即便到了今天，西班牙文的「valer un Potosí」（直譯是「和波托西一樣值錢」）仍用來指稱極其有價值的事物。某個時期，波托西

▲圖 5-28，波托西不尋常的
紋章——斬首的雙頭鷹。

市有個很不尋常的紋章：沒有頭的神聖羅馬帝國雙頭鷹（見圖 5-28）。

赫丘力士之柱對於世界的符號象徵層面或許還有另一項有趣的影響。有人認為，石柱是金錢符號的靈感來源。如我們所見，這些石柱圍繞著「S」形的布條，首先出現在西班牙國徽上，接著是墨西哥的錢幣比索（peso）。這個圖形漸漸演進為「$」符號，代表墨西哥的貨幣，而後又成為美元的符號。

直到十八世紀，西班牙的船隻使用的旗幟，都是白色背景上的國徽。但西班牙國王查爾斯三世在 1760 年注意到，大部分歐洲船隻的旗幟幾乎都是以白色為主，時常造成混亂。因此，他下令海軍部長提出新的旗幟設計，必須從遠方就能清楚看見。部長一共提出 12 種設計，國王選擇的是橫向的紅－黃－紅三色旗，其中黃色條紋的寬度是紅色條紋的兩倍，並在左側加上了紋章。於是，西班牙有了海軍的標誌（見圖 5-29），後來更演變為國旗。

1936 年，西班牙的一場暴動引發了 3 年的血腥內戰。叛軍的主要領導者是傳統主義西班牙方陣（Falange Española Tradicionalista）這個

▲圖 5-29，查爾斯三世的海軍標誌。

▲圖 5-30，繩結和箭——佛朗哥方陣的紋章。

▲圖 5-31，佛朗哥的旗幟。佛朗哥統治西班牙至 1975 年——用伊莎貝拉和費迪南的繩結和箭。

政黨。取自伊莎貝拉和費迪南紋章的繩結和箭成了方陣的象徵（見圖 5-30）。當佛朗哥將軍最終掌權時，他又把伊莎貝拉和費迪南的老鷹加回國旗上（見圖 5-31），以代表天主教信仰。

在佛朗哥的統治之下，雖然西班牙確實緩慢的從退步的農業國家，轉向發展工業和旅遊業，卻也伴隨著數萬被政治迫害的受害者。佛朗哥在 1975 年逝世，西班牙在國王胡安・卡洛斯（Juan Carlos）的領導下回歸民主制。他們需要新的國徽，而在 1981 年，新的國徽也出現在國旗上（直至今日）：盾形的紋章上有 4 個古西班牙王國的標誌、法國的百合花、赫丘力士之柱、銘言「通向更遠方」，再加上象徵君主的皇冠。至於老鷹，旗子上已經沒有牠的空間了（見第 116 頁圖 5-21）。

如同加拿大國旗創造旗幟學專有名詞「白色加拿大式縱條」，西班牙國旗也創造出「西班牙式三條旗」（Spainsh fess，fess 指旗幟中央的橫線），因為中央橫線的寬度是上方和下方橫線的兩倍。之後我們在黎巴嫩、利比亞和寮國國旗上會再次看到這種設計。

安道爾：兩個統治者組成聯合政府

在西班牙和法國之間，有個叫安道爾的小國家。不意外的，安道爾的國旗融合了西班牙和法國的國旗。十九世紀初期，安道爾用的是黃－紅雙色旗（見第 124 頁圖 5-32），但在拿破崙三世的堅持下，旗子又加上第 3 道藍色來象徵法國。

現代的安道爾國旗（見第 124 頁圖 5-33）在 1933 年正式採用，憲法也在同年通過。有趣的是，國旗上的 3 道垂直線看起來和許多三色旗一樣等寬，實際上中央的寬度略大於兩側（比例約是 8：9：8），目的是為了保留給國徽足夠的空間。

安道爾的國徽反映了這個國家不尋常的政治結構——兩位共同統治者組成的聯合政府，一位是西班牙主教，一位是法國統治者。因此，盾形紋章的左上角是金色的主教法冠（烏赫爾主教的象徵），右上角則是三條紅色直線，代表富瓦伯爵，這位伯爵是法國王室的統治者之一。安道爾的共同政府系統至今依舊存在，正式的共同統治者是烏赫爾主教和法國總統（本書寫作時是馬克宏）。

安道爾在 1993 年通過憲法，除了選定國旗之外，也清楚規定共同統治者的權利。舉例來說，他們有權特赦。在憲法通過後，安道爾就不再向西班牙和法國繳納年貢。截至當時，安道爾在奇數年向法國統治者支付約 460 美元的貢品，在偶數年則向西班牙主教支付約 12 美元，再加上 6 根火腿、6 塊乳酪和 6 隻活雞。

摩爾多瓦：起源拉丁的象徵

　　歐洲還有另一個國家的國旗，和安道爾國旗有著奇妙的呼應：摩爾多瓦（見下頁圖 5-34）。首先，摩爾多瓦的國旗由 3 道直線組成，顏色也是相同的藍、黃和紅。第二，老鷹持著一面盾牌，上面畫著公牛頭（和羅馬尼亞國徽類似，見下頁圖 5-35）。更精確來說，這不是公牛的頭，而是公牛的祖先原牛（auroch）。據說，原牛的圖像來自異教徒的獻祭儀式，若真是如此，那又是另一個出現在現代國旗上的異教徒象徵了。

　　原牛早在十七世紀絕種，往後不時有科學家致力復甦該物種。舉例來說，納粹德國的科學家用其他生物進行回溯繁殖的實驗，取得了一定的成果。德國人的計畫是，讓原牛在他們占領的白俄羅斯土地上繁殖。

　　摩爾多瓦的國旗上，在原牛頭的盾牌後方也有一隻老鷹——直接連結到古羅馬，象徵著摩爾多瓦人的拉丁起源。

　　直到 2010 年，摩爾多瓦的國旗都是世界上唯二正反面圖案不同的國旗（另一個是巴拉圭），只有一面有出現國徽。然而，他們在 2010 年變更了國旗，在反面也加上國徽，並且把藍色調亮，以區別他們和羅馬尼亞、查德及安道爾的國旗。這種藍色稱為「柏林藍」。因此，可以說摩爾多瓦的國旗和德國有出乎意料的關聯。

▲圖5-32，安道爾國旗（1806 年～1866 年）。

▲圖5-33，現代的安道爾國旗（於1993 後正式採用），安道爾沒有軍隊，國防由法國和西班牙一起負責。

▲圖5-34，摩爾多瓦國旗（1990 年後）——上面有老鷹和原牛的頭。

▲圖5-35，羅馬尼亞的國徽。

墨西哥：傳說中的老鷹、仙人掌與蛇

　　除了歐洲之外，也有其他國家的國旗上有老鷹，但源頭並不是古羅馬或基督信仰。來看看墨西哥的國旗，及其背後神奇的神話故事。

　　西班牙殖民者到來之前，墨西哥的土地上居住著持續征戰的許多部落，大多數都是阿茲特克人。其實，在地理大發現的幾個世紀前，

阿茲特克人是住在另一個地區。某天，一位鄰近部落的酋長把女兒嫁給阿茲特克的領袖，而阿茲特克人卻把可憐的女孩獻祭給神明，因而遭到驅逐。根據傳說，他們旅行了很長一段時間，想要尋找新的落腳處，直到看見一隻老鷹停在仙人掌上，爪子抓著一條蛇，於是他們定居在這裡，而這個地方也漸漸發展成墨西哥城。

當墨西哥在 1821 年從西班牙獨立時，他們的新國旗是紅－白－綠的三色旗，上面有阿茲特克傳說的老鷹、仙人掌和蛇（見圖 5-36）。然而，之所以選擇老鷹，也可能是受到老鷹在歐洲旗幟學的主流所影響。

趕走了西班牙人之後，墨西哥的歷史並不平順。在幾次革命後，

▲圖5-36，墨西哥國旗（1821年～1823年）。

▲圖5-37，1826年～1862年的國旗。

▲圖5-38，1893年～1916年的國旗。老鷹展翅了！

▲圖 5-39，現代的墨西哥國旗（1968年後），老鷹變成側面。

德州和墨西哥北部的某些地區就此脫離墨西哥。此外，墨西哥也與法國爆發戰爭，導火線是一位法國甜點師的抱怨。這位甜點師在墨西哥城外圍開店，而墨西哥官員在 1832 年洗劫他的店舖，拿走了價值 1,000 比索的蛋糕。法國國王要求墨西哥支付高額補償金，要求被拒絕後，法國國王就向墨西哥宣戰，史稱糕點戰爭。

墨西哥的內政同樣動盪。在 1824 年到 1857 年間，國家的統治者換了 26 次，通常都是透過軍事政變（例如自稱「西方拿破崙」的墨西哥將軍聖安納，就當了 11 次總統）。雖然國旗的改變次數也和國家元首差不多，但主要的元素——仙人掌上的阿茲特克老鷹——都維持不變。最初，老鷹的頭上戴著皇冠，但隨著墨西哥走向共和制，皇冠就被移除（見上頁圖 5-36、5-37）。

從某個時期開始，墨西哥國旗上的老鷹就驕傲的展開雙翼（見上頁圖 5-38），以避免和牠在歐洲紋章上的親戚太過相似。到了二十世紀，老鷹則變成側面（見上頁圖 5-39），也就是現今所看到的樣貌。

最常出現的三原色

受到法國和歌德影響，新國旗有三種顏色，分別為黃、藍和紅。米蘭達為國旗賦予了意義：藍色象徵海洋；黃色象徵國家的財富和太陽；紅色則是獨立戰爭時留下的鮮血。

1785 年的某個冬天晚上，德國詩人歌德（Johann Wolfgang von Goethe）有了一段很有趣的對話。和他交談的是弗朗西斯科・德・米蘭達（Francisco de Miranda），地點在卡拉卡斯（Caracas）。這座城市是當今委內瑞拉的首都，當時則是西班牙的殖民地。

在動盪的一生中，米蘭達參與過三場革命——美國、法國和拉丁美洲的革命——並且在拉丁美洲的歷史扮演著重要的角色。在對話中，歌德向米蘭達解釋他的色彩理論，他在 25 年後發表了這個理論。從物理的角度來看，這個理論錯誤百出，但對於當時的光學研討有深遠的影響。

根據歌德的理論，所有的顏色都能區分為基本的三原色——紅、黃和藍。聽聞米蘭達的壯舉後，歌德告訴他：「你命中注定在自己的家鄉中，創造出基本三原色沒有絲毫扭曲的世界。」之後，米蘭達參與了法國大革命，不但理想就此幻滅，也差點命喪法國監獄，最終更

因為參與軍變陰謀而遭到放逐。

回到故鄉拉丁美洲的米蘭達組織了對抗西班牙的勢力。委內瑞拉在 1811 年成功獨立，米蘭達成為國家的最高領導人。1 年之後，西班牙重獲失土，米蘭達遭到監禁，在幾年後死去。

哥倫比亞、厄瓜多：歌德三原色——黃、藍、紅

我們不難猜到米蘭達為新國家選擇了怎樣的國旗。受到法國和歌德的影響，新國旗有三種顏色，分別為黃、藍和紅（見圖 6-1）。米蘭達為國旗賦予了意義：藍色象徵海洋；黃色象徵國家的財富和太陽；紅色則代表獨立戰爭時流下的鮮血。

米蘭達的奮鬥後續引發了連串事件，讓西班牙失去拉丁美洲的許多殖民地。1819 年，名為大哥倫比亞（Gran Colombia，或稱 Great Colombia）出現在現今哥倫比亞、厄瓜多、委內瑞拉和巴拿馬的土地上。當時，這個國家僅被稱為哥倫比亞，後世的歷史學家為了和現代哥倫比亞有所區別，因而加上了形容詞「大」。

大哥倫比亞的國旗是米蘭達的三色旗，中央是國徽（見圖 6-2）。國徽上的羅馬束棒（fasces）也出現在許多國家的紋章上（拉丁文「fasces」指的是一綑榆木或樺木的枝條，通常會配上一把斧頭，這也是法西斯主義「fascism」的字源）。束棒也是義大利墨索里尼政權的象徵，至今仍是法國國徽的中心元素。

大哥倫比亞並沒有撐很久。12 年後，國家在 1831 年被內戰撕裂，

分裂成三個新的國家：新格拉納達（當今的巴拿馬和哥倫比亞）、委內瑞拉和厄瓜多。只要看一眼他們的國旗，就知道他們有著共同的歷史淵源。

哥倫比亞和厄瓜多的三色旗上，有個特徵是其他國家都沒有的：最上層的寬度是下方兩條的兩倍（見圖 6-3、6-4）。

厄瓜多國旗還有另一項有趣之處，上面的紋章描繪了太陽（印加的太陽神）加上牡羊、金牛、雙子和巨蟹座的符號，代表著 3 月到 6 月。這象徵著 1845 年的 3 月革命，這場軍事政變推翻了厄瓜多獨立後的第一任總統。

▲圖 6-1，米蘭達旗幟（1806 年），受法國及歌德影響。

▲圖6-2，大哥倫比亞國旗（1821年～1831年）。

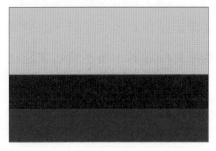

▲圖 6-3，現代的哥倫比亞國旗（1861 年後），最上層的寬度是下方的兩倍。

▲圖 6-4，現代的厄瓜多國旗（1900年後），紋章上有星座符號。

委內瑞拉：以星星數區分反對黨

哥倫比亞和厄瓜多的國旗在近一百五十多年間不曾改變，但委內瑞拉的國旗近期才變更過（見第 132 頁圖 6-5、6-6）。烏戈·查韋斯（Hugo Chávez）在 1999 年到 2013 年間統治委內瑞拉。他是狂熱的社會主義者，和許多這類型的領導人一樣，把能名留青史的成就看得比國家的經濟發展更重。

在查韋斯奪權以前，委內瑞拉的國旗有 7 顆星——代表 1811 年簽署獨立宣言的 7 個委內瑞拉省。2006 年，查韋斯在國旗上加了第 8 顆星，算是終於達成了 1817 年西蒙·玻利瓦（Simon Bolívar）的政令。第 8 顆星代表蓋亞那省，這個地區最初效忠西班牙，後來加入獨立的委內瑞拉[1]。因此，蓋亞那人對於委內瑞拉國旗的新設計相當感冒。

查韋斯也對旗幟的另一個細節做了調整：左上角國徽上的白馬開始朝向左方，而非右方，其背後的設計理念或許是代表委內瑞拉對於左派政治的堅持。假使如此，那麼從紋章學的角度來看，查韋斯就弄錯了：紋章學中的左右並非從觀看者的角度出發，而是從紋章的本身，觀看者眼中的「左邊」其實是「右邊」。

根據《經濟學人》雜誌的報導，查韋斯是在女兒的建議下改變國徽和國旗上馬匹的方向，因為她注意到原先的設計，馬匹看起來是在回頭。

假如把最近 3 個版本的委內瑞拉國徽並排，你就可以看出它的演

1　編註：根據中華民國外交部全球資訊網，委內瑞拉與蓋亞那存有領土爭議。

進：首先，馬匹朝著一個方向奔馳；接著，背後有什麼吸引了牠的注
意力；最後，牠開始朝著另一個方向奔馳（見下頁圖 6-7 ～ 6-9）。這
簡直就像訴說了委內瑞拉美麗卻哀愁的命運。

　　反對黨否決了查韋斯的國旗，而如今，**7 顆星的國旗在委內瑞拉
成了反對派**。或許，當反對派終於在這個長期動盪的國家掌權後，
委內瑞拉又會再次改變他的國旗。在塑造對西蒙・玻利瓦的個人崇
拜時，查韋斯不只改變了國家的旗幟，甚至重新取了國名。委內瑞
拉現今的全名是「委內瑞拉玻利瓦共和國」（Bolivarian Republic of
Venezuela），玻利瓦這個名字因此出現在兩個國名中。「委內瑞拉」
的字源很有趣，在義大利文是「小威尼斯」的意思。義大利航海家亞
美利哥・維斯普奇（Amerigo Vespucci）於 1499 年和第一批征服者一
起來到此處時，便取了這個名字，因為這裡的水道和許多橋梁都讓他
想起威尼斯。

阿根廷：紅黃的相反色

　　拉丁美洲的國旗在旗幟學上還有另一項重要分類，也就是衍生自
阿根廷國旗的國家。

　　1810 年，布宜諾斯艾利斯的貴族對西班牙發起革命。五月革命持
續了一個星期後，獨立國家拉布拉他聯合省（Provincias Unidas del Río
de la Plata）建立，範圍涵蓋現今的阿根廷、烏拉圭，以及玻利維亞和
巴西的數個省分。

▲圖 6-5，委內瑞拉國旗（2006 年後），由 7 顆星變成 8 顆星。

▲圖 6-6，委內瑞拉政府旗（2006 年後），在國旗基礎上加上國徽。

▲ 圖 6-7，1864 年～1954 年，委內瑞拉的馬向左奔馳。

▲圖 6-8，1954 年～2006 年，馬匹分神了。

▲圖 6-9，2006 年後，馬匹向右奔馳。

　　對抗西班牙的眾多軍事領袖中，包含拉丁美洲政治家曼努埃爾·貝爾格拉諾（Manuel Belgrano）。抗戰期間，他突然意識到士兵們需要特定顏色的帽徽，才能和西班牙部隊有所區隔。當時（和現在）西班牙的代表色都是紅色和黃色，所以貝爾格拉諾選擇了相反的顏色：藍和白。

　　容我提醒，這也是聯合國旗幟選擇藍色的原因：必須是紅色的相反色。

▲圖6-10，現代的阿根廷國旗（1861年後）。

▲ 圖 6-11， 聯 合 省 旗（1819 年～1820 年），有紀念五月革命的太陽。

▲圖6-12，阿根廷邦聯國旗（1829年～1835年），從藍色改為紫色。

▲圖6-13，阿根廷邦聯國旗（1835年～1850年），紅色太陽和弗里吉亞帽。

　　最初，阿根廷的旗子只有三條線段：兩條藍色中間插入一條白色。而後，為了紀念五月革命，加上了五月的太陽——印加王國的象徵（見圖 6-11）。據說，新的政府宣告拉布拉他聯合省獨立時，陽光就從阿根廷天空的雲朵間灑落。

　　阿根廷國旗的藍色和白色還有另一種有趣的象徵意義——和白銀之間的連結。拉布拉他河的西班牙文直譯是「銀之河」，而「阿根廷」這個字本身也來自拉丁文的白銀「argentum」。阿根廷和賽普勒斯一樣，國名的語源都來自拉丁文的某種金屬。

　　和許多藍色的國旗一樣，阿根廷國旗的藍色色調在歷史中也數次調整。1829 年，玻利維亞和烏拉圭地區離開拉布拉他聯合省，國家的名字於是變更為阿根廷邦聯。阿根廷的第一位獨裁者胡安·羅薩斯（Juan Rosas）把國旗的藍色改成紫色（見上頁圖 6-12），這個顏色在旗幟中相當罕見。

　　接著，阿根廷國旗上的太陽變成驚悚的鮮紅色，四個角落也出現紅色的帽盔——弗里吉亞帽（見上頁圖 6-13）。我們前面已經提過主教的弗里吉亞帽，最後演變為三重冕。

　　事實上，弗里吉亞帽的歷史可以追溯到遠古時代，這種可愛的錐形頭飾漸漸演變成對自由本身和追尋自由的象徵。它先成為美國獨立的代表，然後是法國大革命，以及許多拉丁美洲的戰事。

　　弗里吉亞帽成為世界上國旗和國徽最常見的元素之一，出現在玻利維亞、哥倫比亞、古巴、薩爾瓦多、海地、尼加拉瓜和阿根廷的國旗上。弗里吉亞帽甚至出現在紐約的市徽上。最初，自由女神也應該戴上這種帽子，但美國人在最後一刻請送禮物的法國人把它移除，因為「美國的自由是真實的，而且不是對抗蓄奴制度的產物」。

烏拉圭：受到阿根廷和美國影響

　　烏拉圭在 1829 年獨立，國旗與阿根廷相似：白色與藍色，加上 5 月的太陽（見第 136 頁圖 6-14）。這個設計靈感受到美國國旗的啟發。最初，國旗由 9 道藍色線條構成，代表共和國的 9 個原始部會。但後

來，為了避免版面太過擁擠侷促，9 道線條就被刪減為 4 道。

巴拉圭：世上唯一正反面圖樣不同的國旗

　　巴拉圭國旗的結構也受到阿根廷國旗的啟發，而顏色則來自法國的三色旗。

　　巴拉圭國旗的特殊之處，在於正面和反面圖樣不同（見下頁圖 6-15、6-16）。正面是巴拉圭的國徽，反面則是財政部印璽。早先，只有摩爾多瓦（至 2010 年）和蘇維埃聯盟的國旗正反兩面不同（國徽都只出現在正面）。

　　此外，巴拉圭的國旗上也有和平的象徵——橄欖枝。和象徵的寓意不同，這個符號對國家來說似乎都不是個好預兆。在選擇橄欖枝的國旗後 22 年，巴拉圭對巴西、阿根廷和烏拉圭發動戰爭，因而喪失了一半的領土和將近七成的成年男性人口。戰爭的損失如此慘重，巴拉圭政府不得不暫時讓一夫多妻制合法化。

祕魯：將紅鶴羽毛顏色用在國旗上

　　國旗上出現 5 月太陽的第 3 個國家是祕魯。1820 年，祕魯開始對抗西班牙殖民者，很快的宣布獨立。傳說中，荷西・德・聖馬丁（José de San Martin）將軍在 1820 年到達祕魯時，看見一群有著紅白羽毛的

▲圖 6-14，烏拉圭國旗（1828 年後）。

▲圖 6-15，巴拉圭國旗（正面），正
中央為國徽，內部有一顆黃五芒星、
棕櫚和橄欖枝條。

▲圖 6-16，反面圖樣為財政部印璽，
上面有獅子和弗里吉亞帽，以及巴拉
圭國家格言：「和平與正義」（Paz
y justicia）。

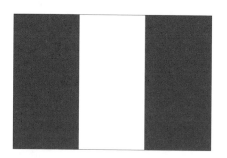

▲圖 6-17，現代的祕魯國旗（1825 年後）。

▲圖 6-18，帶著國徽的祕魯國旗。

▲圖 6-19，紅色太陽、水平線條──
與阿根廷國旗太過相似⋯⋯

▲圖 6-20，⋯⋯於是在 1822 年改為
垂直線。

▲圖6-21，祕魯－玻利維亞邦聯
（1836年～1839年）──兩隻羊駝
的集會。

▲圖6-22，玻利維亞國旗（1851 年
後），中心是玻利維亞的國徽。

▲圖6-23，印加旗幟。

▲圖6-24，玻利維亞軍艦旗。

紅鶴。他非常喜歡這個景象，於是選擇這三種顏色作為新國家的旗幟。兩年後，祕魯的新國旗通過，這可以說是阿根廷國旗的「紅色版」。然而，**祕魯國旗和阿根廷國旗的相似性在戰爭中造成混淆，因此水平的線條就被改成垂直的**（見上頁圖 6-19、6-20）。

祕魯國旗的歷史還有另一個有趣的事件，也影響了它的設計。1824 年，西蒙·玻利瓦征服祕魯，並切分為兩個部分——祕魯和玻利維亞，後者於 1825 年建國，並以他的名字為名。然而玻利瓦本人統治的是祕魯，而非玻利維亞。在玻利瓦的統治下，祕魯有了新的國旗（見第 136 頁圖 6-17），並沿用至今。

在 1836 年到 1839 年間，祕魯和玻利維亞組成邦聯，邦聯的國旗背景是紅色，以及 5 月太陽下的兩國國徽。這面國旗可以描述成「兩隻羊駝在艷陽下的集會」（見上頁圖 6-21）——於是，這種帶著天真大眼的動物出現在兩個國家的國旗上（見上頁圖 6-18、6-22）。

玻利維亞：由 6 面國旗組成的國旗

玻利維亞國旗（見上頁圖 6-22）的顏色在拉丁美洲很特別，這三種顏色通常被稱為「泛非洲」，第 12 章會再討論到。旗子的中心是玻利維亞的國徽，國徽是由 6 面玻利維亞的國旗構成（不過這些國旗上就沒有國徽了）。

玻利維亞在 2009 年又通過了第 2 面設計特殊的國旗，稱為「印加旗幟」（Wiphala）（見上頁圖 6-23），代表的是該地的原住民族。印

加旗幟的倡議者是埃沃・莫拉萊斯（Evo Morales），他是玻利維亞第一位原住民族出身的總統。

我們會在另一面旗幟上看到玻利維亞的印加旗幟——玻利維亞的軍艦旗（見第 137 頁圖 6-24）。雖然從十九世紀末與智利的戰爭後，玻利維亞就成為內陸國家，但其海軍總人數仍有大約 5,000 人。海軍旗上巨大的黃星代表著他們進入大西洋的權力。

2013 年，玻利維亞在國際法院提起訴訟，試圖迫使智利允許其獲得海上通道。在 2018 年的判決前夕，玻利維亞官方甚至拉起長達 200 公里、將許多海軍旗縫製在一起的旗幟，但不幸的是，國際法庭判決智利勝訴。

在玻利維亞，有個有趣的例子是電視節目如何影響了國家的旗幟。我在第一章提到，法國為了電視播出的效果，創造出特別版的三色旗，中間的白色部位特別縮小。玻利維亞總統的做法又更激進，讓特別版國旗上的國徽稍微傾斜。如此一來，當國旗斜掛時，國徽看起來就會是正的。沒有什麼能阻礙我們欣賞國徽上的羊駝了！

保留中美洲聯邦元素的國旗們

我們先回到阿根廷一下。阿根廷國旗的影響力一共出現在美洲 5 個國家的旗幟上。這是因為在 1823 年到 1841 年間，還有個國家名叫中美洲聯邦共和國（Federal Republic of Central America）。

該國國旗（見下頁圖 6-25）受到阿根廷國旗的啟發，但中央不是

▲圖 6-25，中美洲聯邦共和國國旗
（1824 年～ 1839 年）。

太陽，而是相當特殊的國徽──若要說這個國徽是在死藤水 [2] 儀式後畫出來的，也一點都不為過。國徽中央是放射出光芒的弗里吉亞帽，後方的天上有 1 道彩虹，背景則是 5 座火山的美景──每座火山都代表聯邦的一個邦國。

　　和大哥倫比亞一樣，這個國家國祚短暫。15 年後，聯邦陷入內戰，正式解散，五個省分分別成為獨立的共和國：宏都拉斯、哥斯大黎加、瓜地馬拉、尼加拉瓜和薩爾瓦多。

　　這五個國家的歷史也是由一連串的戰爭、軍事政變和獨裁者的政權更迭所組成，而幕後黑手不是美國就是社會主義強權。這些國家彼此間也時常拳腳相向。舉例來說，宏都拉斯和薩爾瓦多在 1969 年曾經爆發短暫衝突，被稱為「足球戰爭」，起因是薩爾瓦多國家隊在 1970 年世界盃足球賽的資格賽中打敗宏都拉斯。雖然戰火不斷，但是這五

2　編註：死藤水是一種南美巫醫的傳統用藥，據傳服用後可以治病、排毒，還有提升靈性、開發精神世界的神祕作用，因此它是原住民宗教儀式中不可或缺的元素。

▲圖 6-26，薩爾瓦多國旗（1912
年後）。

▲圖 6-27，尼加拉瓜國旗（1908 年
後），旗子上也使用了紫色。

▲圖 6-28，哥斯大黎加國旗（1848
年後），總統夫人受到法國三色旗啟
發，加上了紅色。

▲圖 6-29，現代的瓜地馬拉國旗
（1871 年後），沒有火山，但寫有
獨立日期。

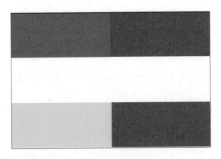

▲圖 6-30，瓜地馬拉國旗（1851 年～
1858 年），彷彿畫作一般。

141

個國家的國旗上都還是保留了中美洲聯邦共和國的元素。

　　薩爾瓦多和尼加拉瓜的國旗（見上頁圖 6-26、6-27）和聯邦共和國的國旗最為相似。兩面國旗中央都有相同的徽章——1 頂帽子、1 道彩虹和 5 座火山。

　　尼加拉瓜的國旗還有一個特別之處——彩虹的紫色（見上頁圖 6-27）。另一個國旗上有紫色的國家是多米尼克，是鸚鵡的顏色。

　　哥斯大黎加的國旗上雖然也有中美洲的火山（不過只有 3 座，而非 5 座），但國旗卻和其他國家不同，因為使用了紅色（見上頁圖 6-28）。這面國旗是哥斯大黎加 1848 年的總統夫人所創作。她受到法國三色旗的啟發，借用聯邦共和國的國旗，並在中央加上一道紅色。

　　瓜地馬拉的國旗（見上頁圖 6-29）上沒有火山，但卻能更清楚的看到該國和中美洲聯邦共和國的歷史連結。國旗中央是西班牙文字樣「1821 年 9 月 15 日自由」——這是中美洲聯邦共和國從西班牙獨立的日期。

　　假如歷史發展稍有不同，瓜地馬拉的國旗或許就會有一道和哥斯大黎加一樣的紅色，不過會是西班牙而非法國的紅色。1851 年，支持西班牙的勢力在瓜地馬拉掌權，並在國旗上加了西班牙的紅色和黃色（見上頁圖 6-30）。最後的結果是非比尋常的設計，竟和蒙德里安[3]的畫作有些相似。

3　編註：皮特‧蒙德里安（Piet Mondrian，1872 年～ 1944 年）為知名荷蘭畫家，其著名的作品以直線、直角、三原色為創作元素，組成抽象畫面。

宏都拉斯是這 5 個國家中，唯一國旗上沒有國徽的。為了呈現出和鄰國的相同歷史根源，國旗上有 5 顆星，代表了前中美洲聯邦的 5 個成員。這些星星呈現十字形排列，同時也是字母「H」——國名的第一個字母（見下頁圖 6-32）。

在本書出版時，宏都拉斯是最近期更改國旗的國家。2022 年，秀瑪拉・卡斯楚（Xiomara Castro）當選總統時，國旗的顏色從深藍色改成青綠色（見下頁圖 6-33。她在 2006 年～ 2009 年是宏都拉斯的第一夫人，而她的丈夫，也就是宏都拉斯前總統，現在成了第一先生）。

貝里斯：12 種顏色，世上色彩最繽紛

和中美洲的鄰居相比，鄰近的貝里斯要和平多了。從 1783 年開始，貝里斯就是英國殖民地，稱為英屬宏都拉斯。接著，貝里斯成為殖民自治區，後來則在 1981 年完全獨立。假如沒有英國，貝里斯肯定會陷入和鄰國瓜地馬拉的衝突。瓜地馬拉在 1981 年甫宣布獨立，就宣稱貝里斯是他們的領土。

由於超脫於中美洲的地緣政治爭端，貝里斯的國旗很獨特。

首先，國旗描繪了人民。第二，它是世界最色彩繽紛的國旗，一共有 12 種顏色（見下頁圖 6-34）。

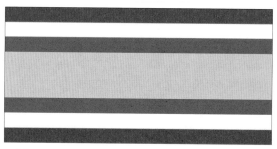

▲圖 6-31，瓜地馬拉國旗（1858 年～1871 年），帶有西班牙的顏色。

▲圖 6-32，舊版的宏都拉斯國旗（1949 年～2022 年），用星星排成的「H」。

▲圖 6-33，現代的宏都拉斯國旗（2022 年），是最近期更動的國旗。

▲圖 6-34，貝里斯國旗（1981 年後）。

▲圖 6-35，蓋亞那國旗（1966 年後），
黑色邊界象徵「達成目標所需要的堅毅」。

蓋亞那：金色箭頭

拉丁美洲另一個前英國殖民地的國旗也很特殊：蓋亞那。

這個國家的名字非常的不一樣：蓋亞那合作共和國（Co-operative Republic of Guyana，反映了國家最初的共產制度）。蓋亞那在蘇聯瓦解後，就不再追逐馬克思的理念，但卻保留了不尋常的名字以及國旗——也被稱為「金色箭頭」。

這面國旗（見圖 6-35）由美國著名旗幟學加家惠特尼‧史密斯（Whitney Smith，旗幟學這個名詞也是他發明的）所設計。史密斯最早的版本並沒有黑色與白色的分割線（在旗幟學裡又稱為鑲邊），是後來才加上的。根據官方的說法，黑色邊界象徵著「達成目標所需要的堅毅」。2020 年和 2021 年，蓋亞那的國內生產毛額成長了驚人的 30%，這都多虧了新的石油開採。因此，這些黑色線條也發展出了全新的意涵。

7 大美國夢

紅色和白色線段，是當今世界旗幟中最具辨識度的元素。

1773 年 12 月的某天，數千位美國人走上波士頓港，抗議大英帝國對茶葉進口課徵的稅金。領導抗爭活動的是名為自由之子（Sons of Liberty）的組織。當數百個憤怒的人衝上碼頭等著卸貨的船隻，有些打扮成印地安莫霍克族人，並且將整整 342 箱的茶葉倒入海中後，抗議達到高峰。

這個事件史稱波士頓茶黨事件，是美國獨立革命的先聲。自由之子的銘言是「無代表，不納稅」（此指英國議會中的代表席次），而他們的旗幟上則有 9 條紅色與白色的直線（見下頁圖 7-1）。

在那天被損毀的茶葉屬於英屬東印度公司，這間私人組織壟斷了茶葉和許多貿易商品的市場。東印度公司的旗幟上有紅色和白色的橫線，左上角則是英國的聯合旗（見下頁圖 7-2）。

現今的美國國旗也有紅色和白色橫線條，而常見的說法是，這是來自東印度公司的旗幟。另一種說法，則是起源於自由之子的旗幟。無論是哪一種，紅色和白色的線段都是當今世界旗幟中最具辨識度的

元素。

　　至於東印度公司的旗幟本身，則很可能是來自滿者伯夷王朝
（Majapahit Empire，見圖 7-3）。滿者伯夷是十三世紀末建於現今印
尼爪哇島的國家。東印度公司就是從這個地區開始將咖啡進口到歐洲。
印尼海軍的軍旗有 9 條同樣的紅色和白色線條，就是受到滿者伯夷王
朝旗幟的啟發。

　　至於美國的國旗可能來自印尼（見圖 7-4）的旗幟，這個想法實在
很有意思。

▲圖 7-1，自由之子的旗幟，紅白相
間的 9 條旗。

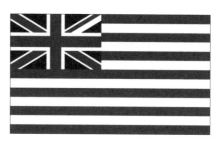

▲圖 7-2，英屬東印度公司的旗幟。

▲圖 7-3，紅白雙色是古代滿者伯夷
王朝王室的代表色。

▲圖 7-4，現代的印尼國旗（1945
年後）。

美國：古老榮耀紅和古老榮耀藍

　　美國在 1777 年，也就是獨立的隔年，正式採用國旗。旗面上共有 13 顆星和 13 條線段，代表成立新聯邦的 13 個英國殖民地。意外的是，東印度公司的旗幟上也有 13 條線段。某種陰謀論的解釋是，公司的創辦人是共濟會成員，而「13」這個數字對他們意義重大。

　　關於星星在新國旗的排列方式，沒有任何規定，所以出現不同的版本（見圖 7-5）。有時會是整齊的行列，有時呈現圓圈，有時則是星形。事實上，1777 年的《國旗法案》也沒有規定國旗上的條紋應該垂直或水平。

　　在佛蒙特和肯塔基州加入美國後，國旗上又多了 2 顆星和 2 條線。隨著州的數量持續增加，國旗表面也越來越擁擠。1818 年後，美國國

▲圖 7-5，早期美國國旗星星排列的不同版本。

旗又恢復為 13 條線，只有星星的數量會隨著新的州加入而增加。

如今，美利堅合眾國共有 50 個州，**美國國旗是世界上改變最頻繁的國旗，已經累計了 27 種版本。**夏威夷在 1959 年加入美國時，國旗經歷了最後一次改變。

白宮舉辦 50 顆星的旗幟設計比賽時，總統收到了來自全國各地超過 1,500 件投稿。有許多設計重複，而最終獲選的版本作者至少有 3 位。其中一位是 17 歲的學生羅伯特·海夫特（Robert Heft），國旗的設計是學校報告的一部分，他只拿到 B- 的成績。羅伯特的老師開玩笑說，假如設計真的錄取，他會調高成績——後來也信守承諾，把成績改成了 A。

美國國旗上的星星數量仍有可能繼續增加。舉例來說，波多黎各（Puerto Rico）[1] 在 2017 年投票通過（97% 同意）成為美國的 1 州。2020 年，美國國會投票通過哥倫比亞特區成為美國的第 51 州。投票在多數黨的強勢支持下通過，但此舉被宣告違憲。

美國至今仍保有向國旗宣誓效忠的儀式，會在政府機構、教育組織和私人公司鄭重進行。在儀式中，人們會把手放在心口，對美國國旗和旗幟代表的國家宣誓效忠。最初，習慣性會把一隻手掌心向下伸向國旗；然而，這個手勢和納粹的敬禮太過相似，於是在 1942 年改變。

和美國國旗相關的歷史人物中，最有名的是威廉·德萊福（William Driver）。德萊福在 1824 年成為商船艦長，出海航行時，他總是掛著美

1　編註：波多黎各是美國在加勒比海地區的一個自治邦，首府為聖胡安。公投結果不具法律效應，只是民意表達，最終仍需美國國會同意才可。

國國旗,並稱之為「古老的榮耀」(Old Glory)。在航海生涯尾聲,德萊福把國旗帶回家鄉田納西州。美國內戰爆發後,田納西人正式宣告和北方的州分開。德萊福的兩個兒子都為南方而戰,但他卻維持著對北方的忠誠。當南方人來到他的房子,試圖沒收國旗時,他宣告:「踩著我的屍體吧!」後來,為了保護國旗的安全,他便把國旗縫在床單上。

戰後,德萊福和國旗的故事越來越有名,而美國國旗也就時常被稱為「古老的榮耀」。

國旗的官方顏色名稱來自這個外號:古老榮耀紅和古老榮耀藍。其他擁有專屬顏色的國旗包含聯合國(聯合國藍)和印度國旗(印度藏紅和印度綠)。

美國國旗的另一個非官方稱呼是星條旗(Stars and Stripes),這來自美國律師兼業餘詩人法蘭西斯・史考特・基伊(Francis Scott Key)的詩句。這首詩的原名是<保衛麥克亨利堡>(Defend of Fort M'Henry),是基伊在 1814 年某個晚上,看著在 1812 年戰役巴爾的摩港內被轟炸的麥克亨利堡時所寫的。當美國國旗驕傲的飄揚在碉堡上方時,觸動了基伊的內心。很快的,這首詩被搭配上當時受歡迎的英國飲酒歌。這首愛國歌曲在美國越來越受歡迎,先是成為美國海軍的軍歌,後來更在 1931 年正式成為美利堅合眾國的國歌。

如今,基伊的墳墓是少數幾個能合法在晚上不降國旗的地點。另一個地方是月球,美國在那裡留了 6 面國旗。基伊是當時最富有的美國人之一,擁有許多奴隸。有些人相信,國歌的第三句有種族歧視的意涵:「什麼也不能庇護這些僱傭軍和奴隸,他們害怕失敗。」這詩句指的是英國答應美國奴隸,只要他們離開美國的陣營,叛逃到英國

方，就賦予他們自由和土地。英國人信守承諾：叛逃到英國陣營的奴隸後來都得到位於現今千里達及托巴哥的土地。

據信，基伊的種族主義也反映在他美國殖民協會（ACS）的會員資格。這個組織的成員擔心，越來越多黑人獲得自由，會對美國社會造成威脅，因此倡議將他們送回非洲。為了這個目標，協會在 1822 年向西非沿岸部落的酋長購買了一小片土地，並安排船隻運輸送自由的奴隸過去。這塊土地被取名叫賴比瑞亞，首都是蒙羅維亞（Monrovia），是為了紀念第五任美國總統，同時也屬於美國殖民協會的詹姆士‧門羅（James Monroe）。

賴比瑞亞：貨船的「方便之旗」

而被解放的奴隸們抵達賴比瑞亞後，仍然認為自己是美國人，有證據顯示，他們對當地黑人展現出敵意。他們帶來很多美國的傳統和特色，其中包含英制單位。賴比瑞亞是全世界少數不使用公制單位的

▲圖 7-6，賴比瑞亞國旗（1847 年後），左上角的一顆星，代表非洲第一個獨立共和國。

國家，其他則包含美國和緬甸。

　　賴比瑞亞的國旗（見圖 7-6）於 1847 年正式宣告獨立時採用。不意外的，這面國旗和美國國旗十分相似。不過，**國旗左上角只有一顆星，代表非洲第一個獨立共和國；國旗上的線條不是 13 條，而是 11 條，象徵簽署獨立宣言的 11 個簽名。**

　　現今的賴比瑞亞是世界上最貧窮的國家之一。賴比瑞亞的歷史充斥著持續不斷的軍事政變、內戰和與鄰國的軍事衝突。1980 年，軍官塞繆爾・多伊（Samuel Doe）發動政變，殺害前任總統後奪權。10 年之後，叛軍又在長達 12 個小時的折磨中殺死多伊。這位賴比瑞亞獨裁者的雙手都被折斷，生殖器和雙耳也被割掉，還被迫吃下去——一切都錄影保存。

　　至於負責統籌這些折磨的是叛軍領袖普林斯・強生（Prince Johnson），後來成為參議員，並競選總統，得到 12% 的選票。當我在 2023 年寫這一段時，非洲史上最頂尖的足球選手喬治・維阿（George Weah）擔任賴比瑞亞總統。我還記得，當維阿和安德烈・舍甫琴科（Andriy Shevchenko）並肩效力於義大利的米蘭足球俱樂部時，我是他的球迷。即便現在，我還是支持他，不過從賴比瑞亞的新聞看起來，他對國家的掌握比對足球差得多了。

　　賴比瑞亞的國旗是在國際海域中第二常見的旗幟，被貨船視為「方便之旗」。由於簡化的船旗規定，全球超過 10% 的船隊是以賴比瑞亞國旗航行。船隻只需要付費就能在賴比瑞亞註冊登記，並懸掛賴比瑞亞國旗，這是該國國庫收入的一大來源。在 1990 年代以前，賴比瑞亞是世界最大的船旗國，但後來由於戰爭頻仍，**被巴拿馬所取代。**

巴拿馬：象徵和平純潔

巴拿馬共和國的歷史和國旗，都和巴拿馬運河的發展息息相關。1821 年，西班牙人離開後，巴拿馬先是成為大哥倫比亞的一部分，後來在其瓦解後，又成為哥倫比亞的領土。

哥倫比亞是開鑿連通大西洋和太平洋運河理想地點的這個想法，首先出現於十六世紀。而後，英國和美國都試圖開挖，但最終得到開發權的是法國，一直到 1882 年才正式開工。負責該項計畫的法國公司由一位外交官所領導，由於有建設蘇伊士運河的經驗，成功籌措了相當的資金。

法國公司雀躍的展開建設，但很快就宣告破產。這個計畫比預期中更困難，主要是因為工人的死亡率太高。當計畫在 1889 年喊停時，大約已有 2 萬 2,000 人喪命——主要死因是黃熱病和瘧疾、氣溫、蜘蛛和毒蛇。

美國和法國展開談判，想買下停滯的計畫。法國方的談判代表是充滿活力的工程師和經理菲立佩・布瑙－瓦里拉（Philippe Bunau-Varilla）。美國方也在討論在尼加拉瓜開鑿運河的可能性，但布瑙－瓦里拉堅定的說服他們選擇巴拿馬。

理由之一在於尼加拉瓜可能的開鑿地區距離火山只有 20 英哩[2]。事實上，培雷火山（Mount Pelée）曾經在 1902 年爆發，岩漿和有毒氣

2　編註：1 英哩約等於 1.6 公里。

體摧毀了聖皮埃爾城（Saint Pierre）和當中的 3 萬居民，是二十世紀死傷最慘重的火山爆發事件，這讓美國人有了火山恐懼症。火山爆發的一個月後，美國參議院投票通過在巴拿馬地峽開鑿運河。

起初，法國方的開價是 1 億美元，經過討價還價，最終定為 4,000 萬美元。然而，交易談判差點在最後一刻破局──哥倫比亞參議院拒絕與美國簽訂條約，不想讓運河在巴拿馬順利修築。

後來，狡詐的布瑙－瓦里拉建議美國支持巴拿馬的叛軍，幫助他們脫離哥倫比亞。美國的羅斯福總統同意這個計畫，讓美軍部隊支持巴拿馬獨立運動，而巴拿馬就在 1903 年成為獨立國家。

經過 10 年的工程，巴拿馬運河在 1914 年竣工。美國舉行了盛大的開幕典禮。伍鐸・威爾遜（Woodrow Wilson）總統在白宮的辦公室裡，按下象徵性的按鈕，透過電報向巴拿馬傳送信號，引爆炸彈。水壩被爆破，大量的水注入運河中，連通了兩片大洋。

布瑙－瓦里拉的妻子決定參與新興共和國國家象徵的設計（見下頁圖 7-7）。她的提案靈感來自美國國旗，選用的是西班牙的顏色，但是遭到拒絕。這面國旗最原創的部分在左上角：2 個互相連結的太陽，象徵北美和南美。這對雙生太陽的意象讓人想起星際大戰的名場面。假如這個設計被選中，那麼肯定會在全世界的國旗中獨樹一幟。

最後中選的國旗也很特別，是由巴拿馬第一任總統的妻子和兒子所設計（見下頁圖 7-8）。**藍色和紅色象徵當時國內對立的兩股政治勢力，白色的角落和星星象徵的則是和平與純潔。**

美國擁有對巴拿馬運河區的控制權。然而，一份 1977 年的協定為權力交還巴拿馬鋪了路。之所以會出現如此重大的轉變，都和巴拿馬

▲圖 7-7，布瑠－瓦里拉的妻子所設計
的巴拿馬國旗，互相連結的太陽象徵北
美與南美。

▲圖 7-8，巴拿馬國旗（1925 年後）。

國旗有關。

　　1963 年，甘迺迪總統同意在運河非軍事區的美國國旗旁，也懸掛巴拿馬國旗，但他卻在命令實行之前就遭到暗殺。運河附近有些巴拿馬學生試圖在學校懸掛巴拿馬國旗，引發了暴動。在接下來的警民衝突中，國旗被意外撕裂（後續調查顯示，國旗的材質是脆弱的絲綢）。這造成巴拿馬人的憤怒，於是展開大規模的示威，有 28 人在過程中被殺害。

　　雖然沒有明確證據顯示，這些暴行是出自美國軍方之手，但全世界還是席捲對美軍的憤怒狂潮。社會主義和資本主義的所有國家都聯合起來，表達對「該死的洋基」的怒火。這些事件（後來以烈士節紀念）成了催化劑，使美國終於將運河的掌控權轉移給巴拿馬。

▲圖 7-9，比基尼環礁旗幟。

▲圖 7-10，馬紹爾群島國旗（1979年後），有最多光芒的星。

▲圖 7-11，諾魯國旗（1968 年後），黃色線段與星星代表赤道及國家位置。

比基尼環礁、馬紹爾群島、諾魯：以星星代表島嶼

接著讓我們從巴拿馬到太平洋，來看看馬紹爾群島比基尼環礁的旗幟吧。

這個小型的環礁最著名的，就是被用來為女性兩件式泳衣命名（事實上，如果你上網搜尋「比基尼旗幟」，你會得到大量火辣女性穿著國旗泳衣的圖片）。此外，美國也曾在 1954 年於此處試爆第一枚氫彈。無論如何，泳衣並未在旗幟上占有一席之地，但炸彈試爆卻留下痕跡。

　　比基尼環礁旗幟（見上頁圖 7-9）和美國國旗很相似，但加上了美國政府對比基尼島民有所虧欠的強烈象徵意味，因為美國在他們的環礁上試爆了 1,500 萬噸的炸彈。爆炸徹底摧毀了 3 座島嶼，對應著國旗右上角的 3 顆黑色星星。黑色的馬紹爾文字意思是「一切都在神的手中」。據說，這是美國人要求他們撤出島嶼來試爆炸彈時，比基尼領導者充滿智慧的回應。

　　至於馬紹爾群島的國旗（見上頁圖 7-10），我個人覺得非常富有美感。它的象徵意義和巴西的國旗類似：橘色和白色的對角線代表赤道，上方的星星代表位於北半球的島嶼。星星有 24 道光芒，是所有國旗中最多光芒的星。

　　太平洋島國諾魯曾經屬於馬紹爾群島共和國，國旗上也有類似的象徵（見上頁圖 7-11）。國旗的黃色線條代表赤道，下方的星星象徵該國位於赤道以南。

印尼：深受滿者伯夷王朝影響

　　回到美國國旗的紅白條紋。還記得嗎，有人認為這是出自滿者伯夷王朝的旗幟。這個王朝也影響了其他國家的國旗：印尼、馬來西亞和新加坡。

　　印尼的國旗（見第 160 頁圖 7-12）在 1945 年，驅逐了日本和荷蘭人後正式採用——在二戰期間，日本占領該地，荷蘭則自 1800 年起就把印尼當成殖民地（由荷屬東印度公司管理）。在 1945 年印尼對荷蘭

的獨立戰爭期間,一些印尼青年把某間旅館荷蘭殖民者的國旗給扯下來,撕下底部的藍色部分,再把旗幟當成印尼國旗懸掛。假如印尼國旗真的出自此一事件,那麼就會是一段佳話,只可惜這純屬巧合。

印尼的獨立獲得承認後,摩納哥抱怨印尼的國旗和他們幾乎相同,只有紅色色調稍有差異。摩納哥人對此深感憤怒,因為他們打從十四世紀就開始使用紅白雙色旗了;印尼的回應則是,滿者伯夷王朝建國於十三世紀。

獲得獨立的前 20 年,印尼的統治者是浮誇奢靡的獨裁者蘇加諾(Sukarno)。執政期間,這位總統接連與蘇聯和美國爆發衝突又和解。在他的統治下,印尼退出聯合國,還侵略了鄰國馬來西亞,而後更爆發內戰。

假如你把印尼的國旗顛倒,就會得到波蘭國旗。但兩國還有個有趣的地方剛好相反:「tak」這個字在波蘭文意思是「是」,在印尼文則是「否」。這樣旗幟學和語言學的對應真是奇妙啊!

馬來西亞:行政結構象徵

馬來西亞在印尼隔壁,於 1957 年取得獨立。馬來西亞的國旗也和美國國旗很像,不過兩者間並沒有直接的連結。國旗上相間的 14 條紅色和白色線條,以及 14 芒星,象徵的是馬來西亞的行政結構(見下頁圖 7-13)。其中一道線條和星星的光芒象徵的是新加坡,不過新加坡已在 1965 年從馬來西亞完全獨立。

▲圖 7-12，印尼國旗（1945 年後）。

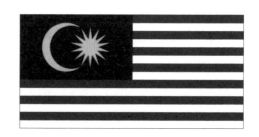

▲圖 7-13，馬來西亞國旗（1957 年後），其中一道線條和星星的光芒象徵的是新加坡，不過新加坡已在 1965 年獨立。

新加坡：尊重兩大種族

新加坡是罕見的非自願獨立國家。當時，馬來西亞對於國內馬來人口比例的下滑感到擔憂，而新加坡地區居民都以華人為主。因此，馬來西亞和新加坡衝突不斷，終於讓馬來西亞國會投票通過，將新加坡排除於馬來西亞之外。新加坡總理李光耀收到獨立的消息，一開始憂心忡忡。然而，新加坡最終成為世界最富庶繁榮的國家之一。

新加坡設計國旗時，決定要尊重人口中的馬來少數和華人多數。因此，國旗（見圖 7-14）上有代表伊斯蘭的彎月和 5 顆星星，後者是來自中華人民共和國的國旗。

馬達加斯加：受印尼國旗影響

最後一個國旗受到印尼影響的國家，是在遙遠非洲的馬達加斯加。

▲圖 7-14，新加坡國旗（1959 年後），
月亮代表伊斯蘭，5 顆星星是仿效中國
的國旗。

▲圖7-15，伊默里納王國旗幟
（1810年～1885年）。

▲圖 7-16，馬達加斯加國旗（1958
年後）。

據說，當地最早的居民是一小群印尼人。他們帶來的諸多事物中，就
包含了紅白色的國旗，於是影響了馬達加斯加的旗幟。

十八世紀末期到十九世紀，馬達加斯加島都屬於伊默里納王國
（Merina kingdom，或稱 kingdom of Malagasy），其國旗是白紅雙色（見
圖 7-15），就像波蘭的國旗。馬達加斯加後來遭到法國殖民，在 1960
年取得獨立，選擇採用白－紅－綠三色旗（見圖 7-16），前兩種顏色
來自印尼。馬達加斯加的名字是由威尼斯探險家馬可‧波羅所命名。

據說，他在索馬利亞聽錯了摩加迪休（Mogadishu，索馬利亞的首都）這個地名，又誤植在馬達加斯加島。

事實上，美國和馬達加斯加的國旗可能有共同的根源：印尼。我喜歡這類旗幟學上的關聯性。

橘色條紋

許多人（包含荷蘭人）都誤以為國旗上有橘色，荷蘭女王甚至曾在 1937 年發布一道特別的詔令：「荷蘭王國的國旗顏色是紅、白和藍色。」這是荷蘭歷史中最短的詔令。

　　某次看足球比賽時，我和朋友吵了一架。他是個熱情的球迷，宣稱荷蘭的國旗有橘色線條。我是旗幟學熱愛者，聽了只能笑笑。我們打賭，打開電腦，很快就證明我是對的。

　　為了安撫我那有些沮喪的朋友，我告訴他，許多人都和他有同樣的誤會。事實上，有太多荷蘭人都相信他們的國旗上有橘色，威廉明娜女王（Queen Wilhelmina）甚至得在 1937 年發布一道特別的詔令，內容只有一句話：「荷蘭王國的國旗顏色是紅、白和藍色。」這是荷蘭歷史中最短的詔令。

　　那麼，為什麼有這麼多人看到橘色會聯想到荷蘭呢？

荷蘭：第一面三色旗

　　十六世紀上半葉，神聖羅馬帝國的統治者是哈布斯堡王朝的查爾

斯五世（查爾斯五世被認為是歐洲歷史最具影響力的君主之一，我們前面看過他身為西班牙查爾斯一世的時期，名言是通向更遠方）。在他的統治下，創造出第一個跨越大西洋的帝國，領土包含了歐洲的一大部分。然而，在 1556 年，他選擇退位，進入修道院，並且把帝國分為介於西班牙和德國之間的兩個部分。

當時，新教的發展正在歐洲北部擴張，而西班牙王室仍是虔誠的天主教徒（他們把宗教裁判所帶入歐洲）。但在帝國一分為二後，熱愛自由的荷蘭人落入馬德里的統治。荷蘭的一部分先在 1581 年脫離西班牙，但一直到 1648 年，荷蘭才真正得到獨立。

威廉三世（William of Orange）發起了對抗西班牙的革命。這裡的「Orange」和橘色或柑橘類水果都沒有關係，而是因為威廉來自法國的奧蘭治公國。然而，橘色卻成了威廉和他部隊的代表色。

這位國王喜歡穿橘色袍子、白色帽子和藍色領巾，而這些顏色就成了第一面荷蘭國旗的基礎（見圖 8-1）。很顯然，這是世界上第一面成為國旗的三色旗。有些人說，是荷蘭的國旗給了法國革命分子創造三色旗的靈感。假使如此，那荷蘭三色旗就是歷史上影響最深遠的旗幟了。

後來，人們發現在旗子上使用橘色太不務實——**橘色顏料會隨著時間褪色**。因此，大約經過 30 年，橘色漸漸被紅色取代（見圖 8-2）。當時的藝術作品顯示，這樣的轉換大約在 1660 年完成。於此同時，這三色也遷移到俄羅斯帝國的國旗上。

然而，**橘色對荷蘭來說仍然是很重要的象徵**。在 1 年之中的幾個皇室佳節，荷蘭的紅－白－藍國旗上都會裝飾橘色的緞帶。荷蘭的運

▲圖 8-1，早期的版本有橘色線條。

▲圖 8-2，現代的荷蘭國旗（1596 年後），橘色被紅色取代。

▲圖 8-3，紐約市旗幟。

▲圖 8-4，盧森堡國旗，樣式出現於 1845 年，但直到 1993 年才成為官方旗幟。

動隊伍通常也會穿橘色的球衣，這也是我朋友會搞錯的原因。

　　有趣的是，橘色雖然從荷蘭的國旗消失，卻留在許多和荷蘭相關的旗幟上。舉例來說，紐約以前的地名是新阿姆斯特丹，而它的旗幟是藍、白和橘色。在紐約旗幟（見圖 8-3）中央的紐約市徽，上面有風車等荷蘭的特色，以及 1625 這個年分──這是第一批荷蘭人在紐約定居的年分。

盧森堡：與荷蘭國旗十分相似

荷蘭鄰居盧森堡的國旗和荷蘭國旗很像，不過藍色和紅色的色調比較淡（見上頁圖 8-4）。盧森堡在 1867 年獨立，但其紅、白和淺藍三色的國旗要到 1993 年才正式採用。

盧森堡不時會出現與其他相似處境國家相同的討論，有些人認為盧森堡的國旗與荷蘭太過相似，應該要變更。最近一次的辯論發生在 2006 年，但提案並未得到支持，最終被放棄。

南非共和國：居然有 6 種主色

國旗受到荷蘭橘色影響的最大國家是南非共和國。十七世紀時，非洲大陸的南方都受到荷屬東印度公司所殖民，並成立了好望角殖民地（Cape Colony，又譯開普殖民地）。在後來的拿破崙戰爭期間，這些戰略要地被英國征服，於是波爾人（荷蘭移民的後代）向內陸撤退，建立了兩個新的波爾國家：奧蘭治自由邦和德蘭士瓦（Transvaal）。兩國的國旗都清楚可見荷蘭的根源（見第 168 頁圖 8-5、8-6）。

以歷史的標準來看，這兩個國家壽命都很短暫——他們大約只存活了一個世紀。1910 年，在兩次波爾戰爭後，兩個國家和開普敦與納塔爾統一，建立了南非聯邦。

起初，新國家就像是典型的英國殖民地，在國旗的左上角有聯合旗，旁邊則有以白色碟形為底的國徽（見第 168 頁圖 8-7）。**這面國旗**

很不受歡迎，在波爾人眼中，這就是英國國旗；對英國人來說，這是被削弱的聯合旗。

1928 年，在數年的激烈爭論後，南非選擇了新的國旗。由於是英國人和波爾人妥協的結果，這面國旗或許可以說是世界上最奇怪的國旗了（見下頁圖 8-8）。

讓我們仔細來看看這妥協的結果。

南非的國旗由 3 條線組成──橘、白和藍色──這是荷蘭 2 個世紀前的國旗。國旗中心還有 3 面國旗：大英帝國和另外兩個波爾共和國的國旗。這 3 面國旗的出現和排列位置，是複雜政治讓步的結果。

值得注意的是，英國國旗是上下顛倒的（從紅色的對角線可以看出來）。奧蘭治自由邦的國旗被轉向側邊，但右側的德蘭士瓦國旗卻是正的。設計的概念是要給三面國旗同等的地位，舉例來說，最接近旗杆的聯合旗（在國旗上比較重要的位置），至於倒反呈現，這就很難解釋了！

這面國旗成了全世界唯一三嵌式（triple nesting）的國旗──旗中旗中旗。此外，南非在 1952 年選擇了新的海軍旗（見下頁圖 8-9），左上角就是這面三嵌式的國旗，所以成了四嵌式旗幟。

第二次世界大戰後，南非聯邦在 1948 年通過一系列嚴格的法律，嚴重限制黑人族群的公民權，這被稱為種族隔離時代。在 1961 年 3 月，南非總理正式宣布國家要從君主立憲制度改成共和制度；但由於種族隔離，新的共和國加入大英國協的申請遭到駁回。當年 5 月，南非聯邦結束，由南非共和國取而代之。共和國不屬於大英國協，並且受到國際社群的種種制裁。

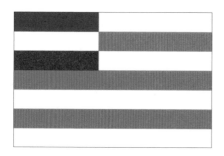

▲圖 8-5，奧蘭治自由邦國旗。

▲圖 8-6，德蘭士瓦共和國國旗。

▲圖 8-7，南非紅色軍旗（1928 年前）。

▲ 圖 8-8，南 非 國 旗（1928 年 ～ 1994 年）──旗中旗中旗。

▲圖 8-9，海軍旗──旗中旗中旗中旗。

　　種族隔離政策一直持續到 1994 年，尼爾森・曼德拉（Nelson Mandela）才在 27 年的監禁歲月後得到政權。多年以後，南非法院在 2019 年判決三嵌式國旗是種族隔離的象徵，因此禁止它的使用，一如許多國家禁止法西斯主義的 卐 字、社會主義的鐵鎚和鐮刀，以及俄羅斯的「Z」字符號那樣。

▲圖 8-10，現代的南非共和國國旗（1994 年後）。

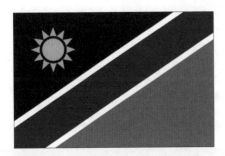

▲圖 8-11，納米比亞國旗（1990 年），
太陽有 12 道光芒。

▲圖 8-12，中華民國國旗，現今的
臺灣。

　　在這個重大的改變後，新國旗的問題會浮現也不意外了。於是，
南非在 1994 年選擇概念相當原創的國旗（見圖 8-10）。國旗上的紅、
白和藍色來自英國和荷蘭國旗，黑、綠和黃色則借用非洲民族議會的
象徵──這是南非最大的政黨，從曼德拉擔任總統開始執政至今。當
時，這是世界唯一主色有 6 色的國旗。國旗上的紅色稱為辣椒紅，介
於紅色和橘色之間，也算是某種程度的妥協。

　　國旗的設計者是南非旗幟學家費德里克・布朗奈爾（Frederick
Brownell）。早先，他也參與納米比亞國旗的設計（納米比亞在 1990

年和南非分開）。值得注意的是，國旗上 12 道光芒的太陽（見上頁圖 8-11）和中華民國國旗（見上頁圖 8-12）出奇相似，後面會再討論。

愛爾蘭：天主教、新教和平共處

另一個國旗受荷蘭影響的國家是愛爾蘭。如果要了解這段故事，就必須回到 1526 年。英國國王亨利八世與安妮·博林（Anne Boleyn）陷入熱戀，要求教皇批准他和第一任妻子亞拉岡的凱薩琳（Catherine of Aragon）離婚。當教皇拒絕他的要求，亨利決定從此切斷英國與羅馬和天主教會的連結。幾年後，國王的愛熄滅了，而安妮遭到斬首——但獨立於教皇的新教教會已經在英格蘭生根。**英國成功皈依新教後，愛爾蘭依然篤信天主教。**

在 1840 年代中期，愛爾蘭爆發嚴重的馬鈴薯枯萎病，造成大饑荒，奪走將近 100 萬條人命。而禁止便宜玉米輸入的《穀物法》更是讓情況雪上加霜，直到 1846 年才廢止。於此同時，追求獨立的政治運動也越演越烈。一小群聲援愛爾蘭民族主義的法國女性贈予愛爾蘭叛軍一面綠－白－橘的三色旗。自然的，我們會認為愛爾蘭的三色旗是受到法國國旗的啟發。

旗幟象徵著對天主教（綠色）和新教（橘色）間和平（白色）的期望。也有其他國家表達對愛爾蘭飢民的支持，最出乎意料的援助來自美國聽聞大飢荒的原住民族群。

他們集資 170 美元——在 1847 年是一大筆錢——送到愛爾蘭。超

過 170 年後，當新冠疫情於 2020 年在全世界爆發，重挫納瓦荷民族[1]時，心懷感恩的愛爾蘭人籌措了超過 250 萬美元，以報答當時的援助。

1921 年，愛爾蘭分裂成兩個部分──幾個北方的愛爾蘭省分留在大英帝國，成為北愛爾蘭。其他則先取得自治，又在 1 年後建立獨立的愛爾蘭共和國，但綠－白－橘的旗幟要到 1937 年才正式成為國旗（見下頁圖 8-13）。

象牙海岸：象徵宗教和解

非洲國家象牙海岸的國旗（見下頁圖 8-14）和愛爾蘭很類似。假如你忽視比例和色調，那麼這面國旗就是愛爾蘭國旗的反轉。在 2018 年的世界室內田徑錦標賽，一位來自象牙海岸的短跑選手就利用了這一點。她在贏得比賽後，發現自己並沒有其他勝利者習慣披在身上的國旗，於是向觀眾借了一面愛爾蘭國旗來慶祝自己的勝利。而在 2013 年 7 月 12 日的篝火節，愛爾蘭貝爾法斯特的聯合派分子[2]甚至意外的錯把象牙海岸三色旗當成愛爾蘭國旗燒毀。

不過，象牙海岸差一點就會擁有比現在國旗更缺乏原創性的國旗。

---

1 編註：納瓦荷（Navajo）是美國西南部的一支原住民族，為北美州地區現存最大的原住民族群，人口估計約有 30 萬人。

2 編註：愛爾蘭聯合主義（Unionism in Ireland）主張愛爾蘭島應與不列顛保持政治聯繫，聯合主義者支持北愛爾蘭繼續留在英國內。

▲圖 8-13，愛爾蘭國旗（1937 年後）。

▲圖 8-14，象牙海岸國旗（1959 年後），顏色順序和愛爾蘭相反。

1960 年，當象牙海岸從法國獨立並設計自己的國旗時，決定使用法國三色旗的版面，但改成橘、白和綠色。在最後關頭，委員會的一位成員提議用紅色取代橘色（紅色象徵奮鬥和鮮血……你懂的）。幸運的是，這個建議遭到駁回。

象牙海岸國旗上的橘色，象徵著非洲大草原，和基督新教一點關係都沒有。然而，有趣的是象牙海岸一半的人口是穆斯林，另一半則是基督徒，所以國旗有著和愛爾蘭一樣的象徵意涵：兩種宗教間的和解。

尼日、尚比亞：各有意義的橘

同樣在 1960 年，另一個西非內陸國家尼日也從法國獨立。尼日國旗（見圖 8-15）上的橘色代表沙漠，而中央的橘色碟形則代表這個年輕國家的旭日東昇。另一項有趣的特色是，這面國旗接近正方形──長寬比是特殊的 7：6。

第三個國旗上有橘色線段的非洲國家是尚比亞。個人認為這面國

▲圖 8-15，尼日國旗（1959 年後），
長寬比 7：6 是特色。

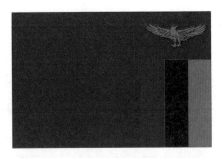

▲圖 8-16，尚比亞國旗（1964 年
後），主要元素在右下角。

▲圖 8-17，現代的印度國旗（1947
年後）。

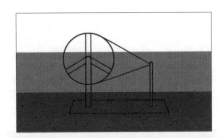

▲圖 8-18，甘地的旗幟，中心是紡錘。

▲圖 8-19，印度國民大會黨於 1931 年
採用的國旗，由紡錘改為阿育王輪。

旗最具原創性和美感——特別是在 1996 年後，國旗上的綠色變得更像青草（見上頁圖 8-16）。而國旗的結構——主要元素不在左上角，而是右下角——更是大膽跳脫了旗幟學的傳統模板。

這裡的橘色象徵著尚比亞的銅礦資源（和賽普勒斯的國旗一樣）。尚比亞在 1964 年脫離英國獨立，總統訂下「尚比亞人道主義」的政策，其中包含銅礦公司的國有化。然而，即便銅礦蘊藏量驚人，尚比亞仍然是世界最貧困的國家之一。因此，我們可以說國有化的策略到頭來或許也沒有那麼人道。

前面已經看過，不同國家的國旗也可能十分相像。但最令我驚奇的巧合，莫過於尼日國旗和印度國旗的相似之處了（見上頁圖 8-15、8-17）。我知道兩面國旗有不同的色調和比例，而中央的圓形元素也不同，但我還是覺得它們的相似性讓人驚嘆。

印度：對國旗擁有最嚴苛的法律規範

從 1773 年到 1858 年，印度都受到英屬東印度公司統治。直到 1857 年的印度民族起義，才終結了該公司對印度的掌控。起義行動始於德里東北方一個小鎮，印度教和穆斯林的士兵（sepoys）的叛亂。他們拒絕用嘴巴咬開步槍彈匣的開口，因為那裡據說被抹了動物脂肪。假如彈匣的油脂真的來自牛或豬，那麼英國就同時冒犯了認為牛很神聖的印度教徒，以及認為豬不潔淨的穆斯林。叛亂的規模越來越擴大，並遭到殘暴的鎮壓。從那之後，印度就不再屬於公司私有，而是直接

受到英國政府統治。

二十世紀，印度聖雄甘地提倡非暴力不服從運動，帶領印度人對抗英國。他在 1921 年提出一面旗幟（見第 173 頁圖 8-18），**中心是紡錘，象徵印度能靠著生產布料來自給自足（為了強調這個理念，甘地出席公眾場合時，通常都手持紡錘）**。最初的旗幟設計有兩道線條，顏色和印度兩大主要宗教相關：印度教的紅色和穆斯林的綠色。而後，甘地在中間又加入一條白色，象徵印度的其他宗教。

1931 年，印度國會正式承認這面旗幟，但將紅色改成橘色（事實上，是很深的藏紅色）。最後的調整發生在 1947 年宣告獨立的幾天前。制憲議會決定將紡錘換成阿育王輪——這是佛教的符號，形狀如輪，代表律法和脈動（見第 173 頁圖 8-19）。

當然，阿育王輪不如紡錘那樣具有政治中立性，但當時已經清楚確定，主要居民為穆斯林的印度領土將在英國的規畫下，另外建立巴基斯坦這個國家。

不過，有鑑於其他國旗設計的提案描繪的是象神甘尼許（有著大象頭的神祇）和迦梨（藍色皮膚、4 隻手臂的女神，又譯大黑神女或大黑女），阿育王輪的圖樣就相對世俗多了。

甘地並不贊同新的國旗設計，他認為這背離了他所堅定相信的，民族之間的和平與和諧。幾個月後，他被不希望與穆斯林和解的印度教極端分子所射殺（殺手被逮捕後，即便甘地的親人請求寬待，卻還是遭到處決）。

現今的印度擁有關於國旗最嚴苛的法律。只有一間公司得到授權，能為全國將近 5 億人口生產及供應印度國旗。《印度國旗法案》規定

了國旗的纖維（印度手工織布 khadi，或是 2021 年後的聚酯纖維）、纖維的密度（每平方公分精準的 150 織），以及布料的尺寸（共有 9 種法定尺寸）。

《國旗法案》也具體規範將國旗固定在旗桿上的材料——必須由 khadi-duck 這種原料製成。據信，全國只有少數幾位師傅能正確紡織出這種纖維。如果用規定材料以外的布料製作國旗是違法的，能判處最高 3 年的有期徒刑和罰款。

1947 年 8 月，英屬印度又分裂為兩個獨立的領地：印度和巴基斯坦。即便甘地努力追求和諧，兩國的邊界仍以宗教分界為基礎。

遺憾的是，印度教和穆斯林的衝突導致超過 50 萬人喪命。據估計，有將近 1,600 萬人被迫搬遷到其宗教為主要信仰的地區。這是歷史上最大規模的人口迫遷之一。

巴基斯坦：以主流宗教為主色調

巴基斯坦的國旗（見圖 8-20）設計成了綠色背景上的白色彎月和一顆星，左側則有白色條紋。和印度一樣，綠色象徵伊斯蘭教，而白色則代表其他宗教。然而，和甘地的國旗不同，巴基斯坦國內主流宗教的代表色也成為國旗的主要色調。

在巴基斯坦宣布獨立不久後，英國印度副王建議巴基斯坦也在國旗加上聯合旗，但遭到拒絕，理由是基督教的十字架不應該出現在穆斯林國家的旗幟上。

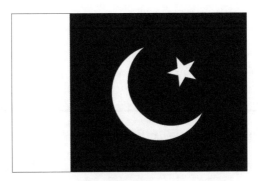

▲圖 8-20，巴基斯坦國旗（1947 年後），
綠色是伊斯蘭教最神聖的顏色。

　　最初，巴基斯坦的國界很不尋常，因為這個國家分成兩個不相連
的地區──其一在印度西邊，其二在印度東邊，分別稱為西巴基斯坦
和東巴基斯坦。該國東部有世界上唯一的三級飛地[3]：達阿拉卡各布列
（Dahala Khagrabari）。這是印度被包在巴基斯坦內的國度，外圍又是
印度的國土，再外側則是巴基斯坦。

　　1971 年，東巴基斯坦與西巴基斯坦分開，成為孟加拉。此前 1 年，
東巴基斯坦遭到熱帶颶風襲擊，奪走 50 萬條性命，卻幾乎沒有收到西
巴基斯坦的援助紓困。這讓東巴基斯坦人民更加不滿。血腥的戰爭爆
發，而後孟加拉建國。

3　編註：飛地是個人文地理的名詞，當一塊地理區域內有另一個國家的屬地，就被稱
　　為飛地。

孟加拉：豐饒土地＋永恆青春

孟加拉的國旗是綠色背景上的紅色碟形（見第 180 頁圖 8-21）。雖然該國的主要信仰是伊斯蘭教，但**這裡的綠色代表的不只是宗教，而是孟加拉土地的豐饒和人民永恆的青春**。一開始，紅色碟形上有著該國橘色的地圖（見第 180 頁圖 8-22），但 1 年後，地圖就被移除，碟形也稍微向左移動。如此一來，當國旗飄揚時，碟形才會出現在正中央。

完美主義者或許會因不對稱感到微微惱火，不過在太平洋島國帛琉的國旗上（見第 180 頁圖 8-23）也會看到一樣的架構。此外，孟加拉的紅色碟形代表太陽，而帛琉的黃色碟形代表月亮。或許人們總有一天會意識到，國旗最常出現的形態是平面的圖像，而不是空中飛舞的布料，於是再將碟形移回中心，就像日本在 1999 年做的那樣。

斯里蘭卡：國旗顏色象徵各民族

在印度海外有另一個國家，國旗上也是橘色和綠色的圖案：斯里蘭卡（見第 180 頁圖 8-24）。這個島國（在當時叫錫蘭）於 1948 年從英國獨立，比印度和巴基斯坦晚了 1 年。

印度和斯里蘭卡的象徵有許多相似之處。斯里蘭卡的國徽有著和印度國旗一樣的阿育王輪。斯里蘭卡的國旗描繪著一隻帶長劍的扁鼻獅子，這是當地國王自古以來的紋章。獅子周遭圍繞 4 片菩提樹葉片，是佛教文化中神聖的植物（學名是 Ficus religiosa）。有趣的是，斯里

蘭卡島的形狀也有點像是菩提樹葉。

國旗的顏色也象徵著民族。背景的栗紅色代表的是多數的僧伽羅人，而綠色和橘色條紋則分別代表穆斯林和泰米爾（印度教）族群。

如果把代表色放在同一面旗子上，就能達到種族間的和平，那該有多好！不過從建國開始，斯里蘭卡的僧伽羅人和泰米爾人之間就血腥衝突不斷。最高峰發生於 1981 年，在種族衝突期間，僧伽羅暴徒（包含一些喝醉酒的警察）放火燒掉賈夫納公共圖書館。將近 10 萬本重要的文化典藏書籍和手稿被焚毀，可以說是歷史上規模最大的焚書事件之一。大火觸發了斯里蘭卡政府和泰米爾叛軍泰米爾猛虎之間的長期內戰，一直到 2009 年泰米爾人戰敗後才結束。

不丹：仁慈龍的國度

幸運的是，不是南亞的每個地區都有如此血腥的歷史。喜馬拉雅山區的小型王國不丹從未參與過任何國內或國際的軍事衝突。更甚者，不丹政府正式評量人民的國民總幸福指數，並在聯合國積極推廣這樣的概念。

「不丹」在當地的意思是「龍的國度」。事實上，不丹國旗（見下頁圖 8-25）上描繪的是中國的龍——這種遠古傳說的動物和歐洲文化裡的惡龍不同，代表的是仁慈。假如聖喬治在旅途中遇到的是中國的龍，那麼很可能就不需要殺死牠，而是溫柔地輕撫牠柔軟的角。

不丹的有趣之處在於其孤立主義的政策。舉例來說，他們在 1999

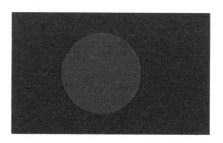

▲圖 8-21，現代的孟加拉國旗（1972年後）。

▲圖 8-22，孟加拉人在解放戰爭時期使用的旗幟（1971 年～ 1972 年）。

▲圖 8-23，帛琉國旗（1981 年後），碟形也微微偏左。

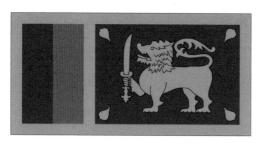

▲圖 8-24，斯里蘭卡國旗（1972 年後），又俗稱「獅子旗」，由一隻握有寶劍、向前行走狀的金色獅子為主圖。

▲圖 8-25，不丹國旗，龍象徵王室權威，背景兩種顏色是表示以佛教為國教。

年才開放電視。同樣不尋常的是，許多房屋的牆上都畫著男性生殖器官。這種圖畫的傳統可以追溯到十五世紀，某個性慾旺盛的藏傳僧侶來到不丹，散布傳言：只要在牆壁上繪製陰莖，或是從屋頂懸掛陰莖，就能驅逐惡靈並鎮壓女魔鬼。

　　有時我難免好奇，假如不丹在國旗上畫的是陰莖而不是龍，想趕走威脅國家快樂的惡靈，那麼國際社會又會有什麼反應呢？

鐮刀、紅旗、五芒星

五芒星是共產主義最大的特徵，另一個有名的象徵是鐵鎚與鐮刀。但手把裝反的鐮刀卻出現在蘇維埃旗幟上 14 年，很難找到更適合的隱喻來代表史達林政權下的人為飢荒。

　　1871 年，法國的新雅各賓俱樂部成員（neo-Jacobins）、社會主義者和無政府主義者一邊高唱《馬賽進行曲》，一邊在巴黎奪取政權達 72 天。我們在第一章節提過的巴黎公社用一塊全紅的布料做了正式的旗幟。

　　這個時刻對共產主義者的歷史來說至關緊要，因為馬克思主義者認為，這是史上第一個無產階級掌權的例子。而後，共產主義的想法滲透到世界各個角落和縫隙，將許多國旗染成共產主義的紅色。

　　最有名的共產主義旗幟是蘇維埃社會主義共和國聯盟（縮寫為USSR，簡稱蘇聯）的旗幟（見下頁圖 9-1）。自 1922 年到 1991 年 12 月的正式瓦解，紅旗就如克里姆林宮所驕傲宣稱的那樣，在「世界六分之一的陸地表面」飄揚著。

　　蘇維埃的領導人有著遠大的想法，計畫在全世界的國家都無視人民反對，打造共產主義。蘇維埃帝國紋章上的每個元素，都和朝全世界擴張的想法有關。

▲圖9-1，蘇聯國旗（1955年～1991年）。

▲ 圖 9-2，蘇聯的徽章。在前 14 年，鐮刀的把手都畫錯了。

▲圖 9-3，德意志民主共和國（東德）國旗。

　　五芒星是共產主義戰士最大的特徵，象徵著馬克思的思想將會在五大洲得到輝煌的勝利。不知為何，他們決定放過第六大洲——南極洲。又或許，他們只是不想和猶太人的象徵扯上關係？

　　共產主義另一個有名的象徵是鐵鎚和鐮刀，象徵著工業和農業的勞工團結齊心。鐵鎚和鐮刀在蘇聯的國徽和國旗上都占據最重要的地位。蘇聯的國徽上也寫著銘言：「世界的工人們，團結吧！」蘇聯有個關於卡爾·馬克思的有名笑話：他復活後上了蘇聯的廣播節目，宣告：「世界的工人們，請原諒我！」

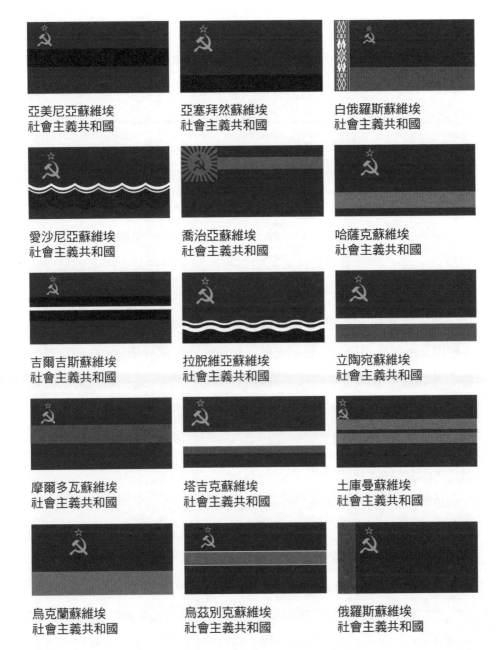

亞美尼亞蘇維埃
社會主義共和國

亞塞拜然蘇維埃
社會主義共和國

白俄羅斯蘇維埃
社會主義共和國

愛沙尼亞蘇維埃
社會主義共和國

喬治亞蘇維埃
社會主義共和國

哈薩克蘇維埃
社會主義共和國

吉爾吉斯蘇維埃
社會主義共和國

拉脫維亞蘇維埃
社會主義共和國

立陶宛蘇維埃
社會主義共和國

摩爾多瓦蘇維埃
社會主義共和國

塔吉克蘇維埃
社會主義共和國

土庫曼蘇維埃
社會主義共和國

烏克蘭蘇維埃
社會主義共和國

烏茲別克蘇維埃
社會主義共和國

俄羅斯蘇維埃
社會主義共和國

▲圖 9-4，蘇維埃聯盟中 15 個成員國的國旗，鐵鎚、鐮刀的尺寸和線條的寬度都不一致。

　　鐵鎚和鐮刀的圖案在 1923 年進入蘇聯的紋章。在設計競賽中獲勝的藝術家，曾經請人為他找來一把農民真正的鐮刀當成樣本。很顯然，他們找的是過時的工具：手把裝反了，在靠近刀鋒處較粗，並不符合當時的習慣。因此，手把弄錯了的鐮刀（見第 184 頁圖 9-2）出現在蘇維埃的旗幟上，一待就是 14 年。

　　搞錯了象徵農民的工具……很難找到更適合的隱喻來代表史達林政權下的人為飢荒，在全蘇聯造成大約 500 萬人死亡。

　　旗幟學中時常能看見交叉擺放的工具。在鐵鎚和鐮刀出現於蘇聯的徽章之前，旗幟學中就有交叉的犁和鐵鎚。而在社會主義的東德國旗上，鐵鎚則和圓規交疊，象徵著知識分子（見第 184 頁圖 9-3）。

　　蘇維埃聯邦一共由 15 個社會主義共和國組成，這些國家在 1991 年蘇聯瓦解後各自獨立。在那之前，他們的國旗都很相似：紅色背景，左上角的金色字母是該國國名的縮寫。舉例來說，烏克蘭的國旗就包含「У.С.С.Р.」字樣（在 1937 年前每個字母後都有句點，而後則都沒有）；白俄羅斯的國旗則是「Б.С.С.Р.」。然而，多虧了聯合國，這種單調的設計終於消失了。

　　當聯合國在 1945 年成立時，西方世界和蘇維埃聯邦都想增加成員中對自己效忠的國家。因此，有數個尚未完全獨立的國家都成為聯合國大會的成員。舉例來說，紐西蘭和印度都還未從大英帝國獨立，卻成為成員國，而菲律賓當時也還是美國的保護國。

　　史達林也想確保除了蘇聯本身，烏克蘭和白俄羅斯也都能加入聯合國。因此，他們為這些共和國創造許多獨立的特徵——例如他們的外交部。雖然，這兩個共和國顯然並未獨立，史達林還是達成目標，

讓他們都加入聯合國。

烏克蘭和白俄羅斯的國旗很相似,和蘇聯的國旗也是,這一點在聯合國造成了一些混亂。因此,蘇聯領導階層決定讓每個成員國的旗幟更有特色。

蘇維埃聯盟成員國的國旗(見第 185 頁圖 9-4)如果並列,看起來就會很奇怪。你可能會理所當然的認為,他們都得遵守特定的規矩——至少在鐵鎚和鐮刀的尺寸,或是線條的寬度應該如此。或許,縫製這些旗子的蘇維埃裁縫都喝醉了,才會造成不一致性。

剛果共和國:特殊對角線三色旗

在所有不屬於蘇聯的國家裡,剛果共和國的國旗有一段時間看起來非常蘇維埃。

在法國的殖民統治下,剛果被稱為法屬剛果。剛果在 1959 年獲得自治,用特殊的綠、黃、紅對角線旗(見下頁圖 9-5)取代了法國的三色旗。當國家在 1960 年獨立,暫時保留了這面國旗,直到一場政變迫使政權轉移(改走親馬克思−列寧路線)、國名改變(改為剛果人民共和國)、國旗改變(改成紅色旗幟,上面有一顆星及交叉的鐵鎚和鋤頭,見下頁圖 9-6)。

1991 年,在蘇聯和剛果人民共和國瓦解後,剛果的國名又改回剛果共和國,而新政府立刻決定恢復舊的國旗。

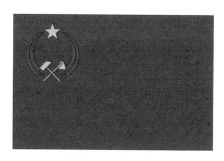

▲圖 9-5，法屬剛果國旗（1959 年～
1960 年）；剛果共和國（1960 年～
1970 年）及 1991 年後至今。

▲圖9-6，剛果人民共和國（1970年～
1991年），當時改走親馬克思－列寧
路線，故國旗也跟著改變。

莫三比克、安哥拉：高掛無產階級象徵

　　如今，我們還可以在兩個非洲國家的旗幟上找到無產階級的象徵：
莫三比克和安哥拉。兩個國家都在里斯本爆發康乃馨革命後，於 1975
年從葡萄牙獨立。

　　成為獨立國家之後，莫三比克決定走上共產主義路線。總統薩莫
拉・馬謝爾（Samora Machel）建立一黨體制，開始打壓宗教和推行計
畫經濟。

　　薩莫拉統治莫三比克 11 年，後來在南非邊界的一場空難中逝世。
而後，他的妻子格拉薩（Graça）與南非總統尼爾森・曼德拉再婚，成
為史上唯一一位擔任兩個國家第一夫人的女性（除非我們把獅心王理
查的母親亞奎丹的艾莉諾也算進去：她和法國國王離婚，又和英國國
王結婚）。

　　現今的莫三比克國旗看起來還是蘇維埃風格（見圖 9-7）。國旗的

左方有一顆社會主義的星，星的上方有一本打開的書，書上交叉著鋤頭和卡拉希尼柯夫自動步槍。**這使莫三比克成為唯一國旗上有現代武器的國家。**

莫三比克的反對黨不時試圖改變國旗，把星星和步槍都移除，不過至今都尚未成功。

安哥拉的國旗看起來也頗有引戰的意味（見圖9-8），旗子上有一顆星、一把彎刀和半個齒輪。**彎刀是非洲版的鐮刀，象徵農業勞動者，而齒輪則象徵工業勞工。**

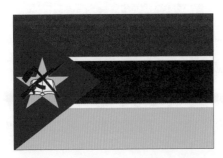

▲圖9-7，莫三比克共和國國旗（1983年後）。

▲圖9-8，現代的安哥拉國旗（1975年後）。

▲圖9-9，安哥拉被拒絕的國旗提案（2003年）。

　　和莫三比克一樣，安哥拉一開始也選擇社會主義路線，但接著便推動市場改革。因此，更改國旗的聲浪隨之出現。2003 年，國會委員會提出新的國旗，有藍色和白色條紋，以及代表國內古代洞穴壁畫的太陽圖騰（見上頁圖 9-9）。然而，這項提議遭到否決。

　　安哥拉被拒絕的紅－藍－白條紋旗幟，和另一個共產主義國家的國旗很相似：北韓。

韓國：南北分裂各行其政

　　在韓國大部分的歷史中，奉行的都是孤立主義，而後在 1910 年被日本占領。第二次世界大戰後，韓國被分割成兩個部分——共產主義的北韓和資本主義的南韓。1950 年，兩韓之間爆發戰爭，造成超過 100 萬人民喪命，基礎建設完全被摧毀。後來，兩國之間沿著北緯 38 度建立軍事分界線。

　　北韓和南韓的邊界處，有著全世界最高的旗桿，旗桿上掛著飄揚的北韓國旗，並裝設廣播系統，多年來朝著南方大聲播放宣傳內容。某個時間點開始，南韓也做出回應，播放自己的宣傳武器——流行音樂。最後，雙方都有點受不了這不和諧音，於是協議停止廣播。

　　北韓的國旗（見圖 9-10）於 1948 年採用，根據其國內的紀年法，是第 37 年（北韓的主體曆從第一任領導人金日成出生的 1912 年開始，是為主體元年）。根據北韓的官方說法，金日成同志親自設計了國旗，但事實上，他最初想要保留南北韓分裂前的韓國國旗。蘇維埃聯盟不

▲圖 9-10，北韓國旗（1948 年後），
由蘇聯設計。

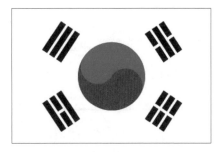

▲圖 9-11，韓國國旗（1883 後），
現今的南韓。

▲圖 9-12，統一旗或朝鮮半島旗，這
面旗是為了 1990 年亞運會所創造。

同意，認為韓國旗幟上古老的佛教符號屬於迷信。因此，莫斯科設計
了新的國旗，並送到平壤──主要的顏色是紅色，還有 1 顆五芒星。

　　很容易理解為什麼蘇聯想要改變韓國國旗。畢竟，蘇聯是個嚴守
無神論的國家，只要找到宗教符號就必須徹底根除。

　　現今的南韓國旗上畫著陰陽太極（見圖 9-11），在太極符號周圍
有著 4 組黑色線段，稱為卦，每一組都代表著 7 種類型的事物。舉例
來說，某一卦代表的是太陽（天體）、秋天（季節）、南方（方位）、
正義（價值觀）、女兒（家庭成員）和火（自然元素），合起來就代
表結果和收穫。可以稍微多觀察一下第一個卦，它的意思是「南方」，

我們很快就會再看到。

南韓國旗的主色是白色，代表和平，也是傳統韓服的顏色。

韓國的旗幟學還有個有趣的現象——統一旗（或稱朝鮮半島旗）（見上頁圖 9-12）。這面旗幟是為了 1990 年的第 11 屆亞運會所創造，兩韓在當年決定聯合參賽。在比賽中，雖然兩國各自派出隊伍，但統一旗卻保留下來。統一旗第一次在隔年的世界桌球錦標賽正式使用，也在後續數場國際性事件登場。

在這面旗幟上，我們看到藍色的朝鮮半島輪廓。看過前面聯合國旗幟的章節，你應該不會對這樣的設計感到太意外。然而，看似中立的旗幟也有自己的問題。韓國不時會在這面旗幟上畫出某個小島，但這個小島其實是韓國和鄰近的日本及中國的爭議領土。當然，此舉每次都會造成另外兩國的抗議。

蒙古：保留宗教符號

還有個國家的國旗上也出現太極圖：蒙古。直到 1992 年，蒙古的國旗上都還有五芒星，不過這個晚點再說。

蒙古的故事通常要從十三世紀講起。偉大又嗜血的成吉思汗創造出從朝鮮半島到波蘭的遼闊帝國，被認為是人類歷史中規模最大的帝國。如今，蒙古仍然是世界面積最大的國家之一，不過人口數只有大約 340 萬人。

蒙古在 1921 年建立第一個共產政府，在 1924 年就成為蘇聯的第

一個衛星國。而從十七世紀開始，蒙古就是中國的一個省分。我們現在會將蒙古區分為中國的內蒙古自治區，以及獨立的國家外蒙古。

獨立的社會主義國家蒙古選擇的國旗，在紅色的背景上有蒙古的索永布（Soyombo）象徵。索永布是佛教符號，上面除了陰與陽，也有其他傳統元素。第二次世界大戰後，蒙古的國旗換成3道線條的旗幟，共產黨的五芒星被加在索永布上方，讓整個圖案看起來就像棵聖誕樹（見下頁圖9-13）。

沒有人知道蒙古人如何只加上一顆星，就留下索永布的圖案。畢竟，當時實際統治蒙古的其實是蘇聯，而蘇聯致力摧毀所有的宗教象徵。1930年代末期，史達林將高壓統治延伸到蒙古，處決了許多佛教僧人，並殲滅了大約1萬8,000名喇嘛。蒙古的人口減少了將近5%。

文殊師利佛寺的被破壞，展現了蘇聯對於破壞所有佛教文化傳統的決心。這間美麗的佛寺位於蒙古山區，而佛教僧侶會在特別雕鑿出的石縫中冥想。然而，一共20間的寺廟都被蒙古的共產主義者摧毀，喇嘛們先是遭到逮捕，而後更被處決。蘇聯甚至派了炸彈客來攻擊這個名勝！

不意外的，在蘇聯瓦解後，蒙古很快的和共產主義道別，把五芒星從國旗上移除。如今，只留下索永布的圖案（見下頁圖9-14）。

中國：民主共產各據一方

蘇聯瓦解後，還保留共產主義紅旗的主要國家是中國。

▲圖 9-13，蒙古國旗（1945 年～
1992 年），共產五芒星讓索永布
看起來像聖誕樹。

▲圖 9-14，蒙古國旗（1992 年後）。

▲圖 9-15，中華人民共和國國旗
（1949 年後）。

▲圖 9-16，1912 年前的中國旗幟
（滿清）。

▲圖 9-17，中華民國國旗（1912 年～
1928 年），也稱為五色旗，象徵漢、
滿、蒙、回、藏五族共和。

▲圖 9-18，中華民國國旗（1928 年
後，現今的臺灣）。

　　直到二十世紀，中國的國旗上都有著仁慈的中國祥龍（見圖
9-16），看起來和不丹國旗有些神似。旗子主要的顏色是黃色，代表
著大清帝國（當時的中國，只有皇室家族才能穿著黃色衣物）。旗子
的左上角有個紅圈，或許你會以為這代表太陽，而中國龍正看著它，
準備要打噴嚏了。但事實上，**這不是太陽，而是紅色的珍珠，象徵著
財富和福氣。**

　　1912 年，中國爆發革命，結束了超過 2,000 年的帝制。革命的狂
潮席捲整個國家，中國人紛紛剪掉辮子向滿清表達抗議（滿人逼迫漢
人蓄髮結辮，否則將面臨死刑）。

　　此後，中國成為共和體制，**而國旗上的龍則被 5 條水平線所取代，
象徵的是中國五大民族（見圖 9-17）。**白色代表回族，也就是中國的
穆斯林，特別是維吾爾族人，但他們至今還受到中國政府的壓迫。

　　1928 年，蔣介石成為中華民國的領導人，而繪有 12 道太陽光芒的
旗幟則成為主要的國旗。12 道光芒象徵著 12 個月分，以及中國的 12
個時辰（每個時辰等於 2 個小時）。因此，**12 道光芒的太陽所傳達的
訊息是「一年四季，夙夜匪懈」。**

　　第二次世界大戰後，共產黨在毛澤東的領導下奪權，蔣介石政府
被迫撤退到臺灣。他們帶著的青天白日旗，如今則被普遍視為臺灣的
國旗（見圖 9-18）。

　　接下來 20 年，毛澤東在國內發起了一系列大規模的實驗。為了趕
上並超越資本主義國家，共產黨展開所謂的「大躍進」計畫，其中包
含「除四害」行動，致力殲滅被視為害蟲的老鼠、蒼蠅、蚊子和麻雀。
有數百萬隻麻雀遭到殺害，這非但無法保護農作物，反而造成嚴重蝗

災和作物歉收，因為麻雀是蝗蟲的天敵。

雖然各方的估計數據不同，但大躍進導致的大飢荒約莫造成 2,000 萬至 4,500 萬中國人喪命。這是人類歷史中最大的社會性災難。

國旗上的黃星象徵著中國共產黨（見第 194 頁圖 9-15），而 4 顆「仰望」黃星的較小星星，代表著中國社會的四個階層：勞工、農民、小資產和民族資產階級（這樣的分類法出自毛澤東 1949 年的演說）。

越南：分裂後再統一

在中國鄰國的越南國旗上，我們也會看見共產主義的黃星，不過比較大一點，並且位在國旗的中央（見第 198 頁圖 9-19）。

第二次世界大戰前，越南和寮國、柬埔寨同為法國殖民地，統稱法屬印度支那。接著，日本短暫占領此地，而法國人又在戰後回歸。

對抗法國殖民者的勢力由越南共產黨所帶領。有鑑於蘇聯提供了關鍵性的協助，五芒星的紅旗會成為國旗也就不意外了。一直到 1955 年前，這顆星都有比較圓弧的外型（見第 198 頁圖 9-20）。

這場對抗法國的戰爭史稱第一次印度支那戰爭。而後，越南和韓國一樣一分為二：北越（共產主義）和南越。很快的，第二次印度支那戰爭（又稱為越戰）爆發，蘇聯和中國加入北方陣營，美國則支持南越。這場戰爭對美國和西方盟友來說都太過艱困，當時的總統尼克森（Richard Milhous Nixon）甚至考慮對北越使用核子武器。最終，西方部隊撤退，而兩個越南在 1975 年統一為社會主義國家。

南越的國旗是黃色，上方有 3 道水平紅線，代表的是「☰」符號，意思是南方，並呼應了國名越南裡的「南」（見下頁圖 9-21）。因此，可以說「南越南」這個名字就像前面提到的「東帝汶」一樣冗贅。

寮國：期盼族群重新統一

越南的鄰國寮國也是法屬印度支那的一部分。第二次世界大戰後，寮國從法國獨立為寮王國，但當美國在越戰中落敗後，寮國的國王就被推翻，國家走上共產主義的道路。不過，寮國並未奉行共產主義太久。

在社會主義時期前，白象是寮國國旗的主要特徵（見下頁圖 9-22），用圖像呼應了寮國充滿詩意的名字——100 萬隻大象和白色傘蓋之地。如今，由於森林過度砍伐，寮國的象群瀕臨絕種。截至 2022 年，寮國更精確的名字應該是：800 隻大象之地。當然，和多米尼克只剩 50 隻的鸚鵡來說，800 隻大象還是很多了……。

共產主義勝利後，寮國的國旗就換成現在看到的模樣：兩條紅線和一條藍線，中央則是白色的碟形（見下頁圖 9-23）。紅線象徵著分隔兩地的寮族：一群住在寮國本地，另一群則住在現今泰國東北部[1]。這兩個國家被湄公河分隔，對應的是國旗上的藍色條紋。**國旗上的白**

1　編註：寮族大部分居住在泰國東北部及寮國（占寮國人口約一半），因二十世紀泰國的泰化運動，在泰國東北地區的人更願意使用「伊森人」一詞自稱。

▲圖 9-19，現代的越南社會主義共
和國國旗（1955 年後）。

▲圖9-20，越南社會主義共和國國旗
（1945年～1955年），這時的星比
較圓。

▲圖9-21，越南共和國國旗（1948
年～1975年），3道紅線和南韓國旗
第一卦同義，都是「南方」。

▲圖 9-22，寮王國國旗（1947 年～
1975 年）。

▲圖 9-23，現代的寮國國旗（1975
年後）。

▲圖 9-24，匈牙利 1956 年革命時的旗幟。

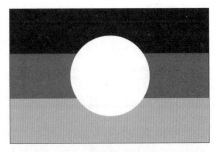

▲圖 9-25，柏林圍牆倒塌後，許多德國人都移除東德的紋章（1991 年）。

▲圖 9-26，在羅馬尼亞革命時，反齊奧塞斯庫抗爭者的旗幟（1989 年）。

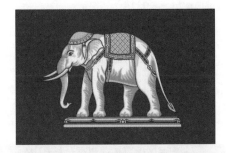

▲圖 9-27，泰國國旗（1893 年～1917 年），比寮王國早擁有白象。

▲圖 9-28，現代的泰國國旗（1917年後）。

▲圖 9-29，暹羅／泰國國旗（十七世紀至十九世紀），與共產主義無關的紅旗。

色碟形代表月亮，以及對未來兩個族群重新統一的盼望。因此，寮國的國旗也代表著和鄰國間的潛在衝突。

說到寮國國旗上的白色碟形……或許也可能是白色傘蓋的鳥瞰。但這只是我個人的猜測而已。

假如你看過其他國旗上的類似圖形，就會發覺寮國國旗上的碟形特別有趣。這通常代表被移除的國徽，是革命的象徵。這樣的做法也出現在匈牙利、羅馬尼亞和東德對抗獨裁共產政權的抗爭中（見上頁圖 9-24 ～ 9-26）。

泰國：五條水平條紋

泰國的國旗在設計上和歷史上，都和寮國國旗相似。泰國史稱暹羅，是歷史上始終維持獨立的國家，主要是因為其在不同殖民地之間的緩衝地位。剛好 100 年間，泰國的國旗上也有一隻穿著皇室裝飾的白象（見上頁圖 9-27）。直到 1917 年，泰國才採用現今 5 條水平條紋的國旗：紅、白、藍、白和紅（見上頁圖 9-28）。

和鄰國不同，泰國從未嘗試引入共產主義。不過在十七世紀到十九世紀之間，泰國的國旗的確是紅色的（見上頁圖 9-29）。

緬甸：一個大五芒星

泰國旁的緬甸和越南一樣，在國旗上放了大大的五芒星。

直到 1948 年，緬甸都是英國的殖民地。緬甸解放運動的領導人是翁山將軍，但他在緬甸獨立前幾個月就遭到謀害。

緬甸國旗的第一版設計和中華民國的國旗很類似，有紅色背景，左上角則是藍色。而左上角 1 顆較大和 5 顆較小的星，則和中國國旗很像（見下頁圖 9-30。不過中國國旗晚 1 年才出現）。1974 年，藍色的區域有了更精細的設計—— 1 個齒輪和 1 簇稻穗（見下頁圖 9-31）。和安哥拉的國旗一樣，齒輪象徵著工業勞動者，稻米象徵農民。

緬甸的一大特色是特殊的宗教形式——受到占星學和數秘學影響的佛教。包含領導階層在內的大多數緬甸人，在做任何決策前，無論多麼微不足道，都會先檢查占星曆。首都從仰光遷到奈比多（Naypyidaw，或譯內比都）的時間點是 2005 年 11 月 6 日早上 6 點 37 分——宮廷數秘學家指定的準確時間和日期。

當尼溫將軍在 1962 年奪權時，許多決定都會聽從占星家和數秘學家的建議。舉例來說，傳說在尼溫的占星家的建議下，緬甸政府在 1970 年 12 月 6 日決定從左駕改成右駕。在 1988 年，尼溫毫無預警的召回所有面額 25 元、35 元和 75 元的緬甸元紙幣。相反的，緬甸銀行發行面額 45 元和 90 元的紙幣，因為它們能被幸運數字 9 所整除。這導致了「8888 民主運動」，前面的數字來自運動發起的日期：1988 年 8 月 8 日。

革命的領導人之一是翁山將軍的女兒翁山蘇姬。她被軟禁在住家

▲圖9-30，緬甸國旗（1948 年～1974 年），星星 1 大 5 小，比中國更早的設計。

▲圖9-31，1974年～2010年。星星數量增加。

▲圖 9-32，2010 年後，一顆星星就足夠了。

中，1 年後的 1991 年，她榮獲諾貝爾和平獎。在這 21 年間，翁山蘇姬總共被軟禁了 15 年，直到 2010 年才被釋放。她在 2016 年到 2021 年間，成為緬甸的政治領袖，但後來又爆發軍事政變。她遭到拘禁，面臨 26 年的徒刑。

古巴：對美國又愛又恨

世界上還有一個社會主義的國家，國旗上也有一顆星。和上述的

▲圖 9-33，古巴國旗（1902 年後），是僅有兩個不帶任何共產主義標記的社會主義國家國旗之一（另一個是寮國）。

▲圖 9-34，蘇里南國旗（1959 年～1975 年），以 5 顆星象徵 5 大族群。

▲圖 9-35，現代的蘇里南國旗（1975年後），改以星星的 5 道光芒象徵。

國家都不同，即便蘇聯已經瓦解，該國至今仍奉行共產主義，這個國家就是古巴。

　　古巴國旗（見圖 9-33）紅色背景上的五芒星看起來就非常社會主義。但古巴國旗早在 1902 年就出現，當時共產主義的象徵還不存在。甫脫離西班牙統治的古巴，正在美國的支持下發展經濟。國旗的顏色是受到法國大革命所影響，星星則代表古巴渴望成為美國這個強大鄰居的一州。

1959 年，古巴在菲德爾‧卡斯楚（Fidel Castro）奪權後成為共產國家。事實上，卡斯楚並未立刻投身馬克思－列寧主義。一開始，他試圖改善和美國之間的關係，但無法原諒美國在他第一次出訪時的羞辱——艾森豪總統沒有接見他，而是直接跑去打高爾夫球。

蘇聯利用了古巴和美國間的嫌隙，開始在經濟和政治上以各種方式援助這個島國。美蘇兩大強權的關係日益惡化，在 1962 年的古巴飛彈危機達到高峰。

蘇里南：5 道光芒五大族群

還有個國家的國旗很容易被誤認為社會主義：蘇里南。蘇里南曾經是荷蘭在南美洲的殖民地，如今則是除了荷蘭以外，唯一以荷蘭文為主要語言的國家。假如我們把蘇里南國旗上的綠色和白色線條移除，就會得到越南國旗。然而，蘇里南國旗的起源和社會主義一點關係也沒有。

在 1975 年從荷蘭獨立前，蘇里南的國旗上有 5 顆星，象徵該國的 5 個族群：非裔、印度裔、華人、美國人和歐洲人（所以國旗看起來有點像奧運標誌，見上頁圖 9-34）。很顯然，每顆星的顏色都對應該族群的膚色，這一點遭到許多抨擊。如今的蘇里南國旗上只有 1 顆星，而 5 道光芒代表著這 5 大族群（見上頁圖 9-35）。

五芒星談到這裡就差不多了，來談談六芒星吧。

10 六芒星

**六芒星形狀在世界許多地方都能找到——穆斯林、
基督徒、佛教徒，甚至是亞里斯多德的著作。**

1948 年 5 月 14 日，以色列發表獨立宣言。隔天，5 個阿拉伯國家
立刻對以色列宣戰，並從不同方向攻擊以色列。戰爭開打後的 5 個月，
以色列採用的新的國旗，旗子白色的背景上畫著大衛之星和兩條藍色
線條（見第 207 頁圖 10-1）。

以色列：猶太人的大衛之星

以色列建國時，六芒星已經成為猶太人的主要象徵。但以色列的
國旗本來很可能與現在相差甚遠。在以色列建國扮演重要角色的西奧
多・赫茨爾（Theodor Herzl）[1] 提案的國旗上不只有大衛之星，還有另

---

1 編註：以色列國父。1896 年出版《猶太國》（*Der Judenstaat*），並發起錫安主義（又
  稱猶太復國主義）運動。

外 7 顆排成圓圈的金色六芒星，象徵著工作日的 7 個黃金小時。他的概念是想要展現出以色列對當時被視為進步的社會主義，抱持著開放的態度。

以色列的領導階層對於把大衛之星放在國旗上還抱持疑慮。他們擔心其他國家的猶太人若使用大衛之星，就可能收到對祖國不忠的指控。後來，這些疑慮都被放到一邊，以色列的國旗還是成為我們現在看到的模樣。

大衛之星不只和猶太人有關，更和他們許多世紀以來受到的迫害有關。最有名殘酷的例子，是德國的法西斯分子強迫猶太人在衣服上配戴黃色的大衛之星。然而，此舉並非希特勒獨創。中世紀的猶太人有時也被迫配戴黃色的大衛之星，來顯示其宗教或種族上外來者的身分。根據十三世紀一份教皇的詔令，這樣的舉措有其必要性，能防範基督教女性和猶太男性「發生關係」，反之亦然。

以色列國旗的藍色在猶太教有特殊的意涵，而藍色條紋則會出現在塔利特（tallit）的設計上——這是猶太人在禱告時會穿著的繸子披肩。遠古時期，藍色的染料是由一種特殊的海螺製造，很可能是骨螺屬的。《妥拉》（猶太教的律法書）中多次提及這種染料。雖然染料製造的祕密已經失傳數個世紀，但科學家們終於成功還原其程序。

這類由海螺製造的染料色調從藍色到紫色都有可能。假如當初使用的是不同的海螺，以色列的國旗就可能是紫色而非藍色了。

以色列的法律並未明確規定國旗上的藍色色調。但神奇的巧合是，網路上大部分看到的以色列國旗都是相同的色調，稱為國際克萊因藍（International Klein Blue）。這種顏色的創造者是法國藝術家伊夫・克

▲圖 10-1，以色列國旗（1948 年後），基本圖案是猶太教祈禱者的披肩，上面飾有大衛之星。

▲圖 10-2，現代的奈及利亞國旗（1960 年後）。

▲圖 10-3，1914 年～ 1953 年的奈及利亞國旗，有都鐸王冠。

▲圖 10-4，1953 年～ 1960 年的奈及利亞國旗，有聖愛德華的頭冠。

▲圖 10-5，阿金昆米最初提議的奈及利亞國旗（1959 年）。

萊因（Yves Klein），他會用顏料塗滿模特兒的裸體，讓他們在白色畫布上滾動，創作出價值數百萬美元的畫作。

　　猶太人的周圍總是圍繞著許多陰謀論，而他們的國旗也不例外。在《花花公子》雜誌的一次訪問中，巴勒斯坦領導人亞瑟・阿拉法特（Yasser Arafat）宣稱，以色列國旗的兩道藍色條紋象徵的是尼羅河和幼發拉底河，代表以色列意圖占領兩條河流之間的土地。

　　以色列的國旗在 2003 年首次進入太空。以色列史上第一位太空人伊蘭・拉蒙（Ilan Ramon）在哥倫比亞號太空梭上舉起以色列的藍白國旗，但太空梭在返回地球的過程中墜毀。

奈及利亞：一場天真的誤會

　　以色列建國時，有另一個國家的國旗上也有大衛之星：奈及利亞。但猶太人的象徵為何會出現在遙遠非洲國家的國旗上呢？背後有個頗讓人困惑的故事。

　　十九世紀時，奈及利亞這塊土地屬於英國殖民地，在某段時期分成北奈及利亞和南奈及利亞。但在 1914 年奈及利亞總督費德里克・盧吉爵士（Sir Frederick Lugard）的領導下，英國又將南北統一為一個龐大的國家。如今，奈及利亞的北部和南部仍然差異甚大。南方的居民大多數都是基督徒（這很合理，因為距離海洋較近，有比較多和歐洲接觸的機會），而北方主要都是穆斯林。

　　在為新殖民地設計國旗的過程中，英國沒有什麼創意：他們把聯

合旗放在旗子的左上角。在旗子的右側是大衛之星，內部則有都鐸王冠（見第 207 頁圖 10-3）；當女王伊莉莎白二世繼位時，則換成聖愛德華的王冠（見第 207 頁圖 10-4）。

大衛之星是在盧吉爵士的提議下納入國旗，而爵士本人則是在某個美麗的高腳杯上看到這個符號（他稱之為「所羅門的圖章」）。這個高腳杯是英國部隊從奈及利亞最大民族豪薩人手中奪得。很顯然，盧吉爵士是個直接的人：他喜歡這個符號，所以並未多做查證就放到國旗上。

不過高腳杯本身顯然也是豪薩人從人數較少的伊博族人手中搶奪來的。伊博族人使用六芒星的符號已經數個世紀，最早是猶太商人在十三世紀初期帶進這個地區。如今，在奈及利亞的伊博族群中，大約有 3,000 到 3 萬人信奉猶太教。

多麼奇妙的旗幟學歷史！許多個世紀前，猶太人影響了伊博族。接著，豪薩人從伊博人手中奪走六芒星的高腳杯當成戰利品。而後，英國總督天真的喜歡這個六芒星符號，甚至當成英國大型殖民地的象徵。

在獨立前 1 年，奈及利亞政府舉辦國旗的設計競賽。獲勝者是在倫敦讀書的奈及利亞學生米歇爾・泰沃・阿金昆米（Michael Taiwo Akinkunmi），他在圖書館看到這場比賽的資訊。阿金昆米設計的國旗中心是紅色的太陽（見第 207 頁圖 10-5），很像我們在幾個章節後會看到的北馬其頓的韋爾吉納太陽。然而，太陽後來被移除，只留下簡潔的綠白設計（見第 207 頁圖 10-2）。

赤道幾內亞：象徵國土的六芒星

非洲還有個國家的國旗上也有六芒星：赤道幾內亞。這裡的六芒星象徵的是該國的主要大陸及 5 個重要島嶼。這個圖形和猶太人一點關係也沒有，但黃色的六芒星和西奧多・赫茨爾設計的以色列國旗還是有些相似之處。

赤道幾內亞的國名讓人有些困惑，因為這個國家並不在赤道上。在赤道幾內亞國旗的星星下方是一棵木棉樹和西班牙文的國家銘言，意思是「團結、和平、正義」（見圖 10-6）。然而，這個非洲國家人民的生活可以說和正義相差甚遠。赤道幾內亞是重要石油出口國，但石油的收益分配相當不平均。

赤道幾內亞曾經是西班牙殖民地，稱為西班牙幾內亞。如今，他是非洲唯一以西班牙文為官方語言的國家。1968 年，赤道幾內亞獨立，並由佛朗西斯科・瑪西亞・恩格瑪（Francisco Macías Nguema）掌權。

▲圖 10-6，赤道幾內亞國旗（1968年後）。

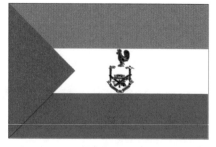

▲圖 10-7，佛朗西斯科・恩格瑪的旗幟（1973 年～ 1979 年）。

　　據信，恩格瑪在統治期間殺害了全國近四分之一人口。這些處決有時很詭異。舉例來說，在 1979 年聖誕節，總統命令士兵身穿聖誕老人服裝，在足球場上槍決 150 位反對者。

　　在政權的最後幾年，恩格瑪開始出現心理疾病的徵兆。赤道幾內亞和其他國家的關係惡化，國內的恐怖情勢升溫。或許恩格瑪失智症的其中一個跡象，就是 1973 年採用的新國旗（見圖 10-7）。國旗上有隻雞，腳一隻是白色的，一隻是紅色的，還有一把劍、十字鎬和長柄鋤等工具。

　　最終，這位獨裁者被姪子推翻，並判處死刑。但有個問題出現了：赤道幾內亞人民相信恩格瑪擁有超自然的力量。當地的士兵都拒絕參與行刑，只能聘請外籍兵團──摩洛哥的士兵──來執行。

　　在本書寫作時的 2023 年，西奧多羅・奧比昂・恩格瑪・姆巴索戈（Teodoro Obiang Nguema Mbasogo）仍是赤道幾內亞的總統，這讓他成為世界上非皇室制度中任職最久的總統。他的施政品質反映在全國 75% 的貧窮人口，以及每 5 個幼童中就有一人活不過 5 歲等悲傷的事實上。然而，也不是每個人都這麼慘烈。比如，總統的兒子（名字一樣是西奧多羅）就過得很好。他是名譽副總統和農業及林業部長，最廣為人知的是喜歡在世界各地購買奢華跑車和昂貴房地產。警察在這幾年間反覆扣押他的豪車，其中就包含布加堤、法拉利和瑪莎拉蒂。這位名譽副總統也無意隱藏他的興趣：他時常在社群平臺上發出所有豪車的照片。

衣索比亞：所羅門的圖章

　　不過，先回到大衛之星和六芒星吧。從幾何學的角度來看，這都是六線形。這樣的形狀在世界許多地方都能找到——穆斯林、基督徒、佛教徒，甚至是亞里斯多德的著作。很難判斷是哪個文化先開始使用這個符號的。或許，這個符號同時在世界的不同地方獨立出現。

　　六芒星的構成是兩個重疊的三角形，象徵的是兩大原理的結合——舉例來說，男性和女性（就如同陰與陽的概念）。

　　大衛之星在伊斯蘭教對應的是所羅門的圖章。所羅門王的生平在《妥拉》和《古蘭經》中都有記錄。根據這些經典，所羅門戴了設計特殊的圖章戒指，賦予他某種特殊力量。如今，所羅門的圖章出現在一些阿拉伯國家的國旗上，但通常都是五芒星而非六芒星的形式。舉例來說，衣索比亞的國旗上就有（見第 214 頁圖 10-8），並影響了世界的其他國家。許多非洲國家在獨立後，選擇參照衣索比亞國旗的顏色。這是因為**衣索比亞是非洲唯二從未被殖民的國家（另一個是賴比瑞亞）**。

　　從十三世紀到 1974 年，衣索比亞都受到自稱所羅門王後代的王室所統治。國旗上的五芒星就是所羅門的圖章。這種和所羅門王的連結，也能在更早期的衣索比亞獅子旗上看到（見第 214 頁圖 10-9）。這隻猛獸並不只是抽象的，而是有名有姓：猶大之獅。猶大是《妥拉》中的人物，獅子是他的象徵。衣索比亞統治者引以為傲的先祖所羅門王也是來自猶大的家族。

　　直到 1936 年前，獅子旗都在衣索比亞飄揚。義大利的軍隊在法西

斯領袖墨索里尼的領導下攻打衣索比亞，國際聯盟雖然試圖對義大利實施經濟制裁，但是完全沒有威嚇或實質的效果──墨索里尼甚至使用化學武器。後來，墨索里尼曾經對希特勒表示，假如為衣索比亞實施礦業的制裁，義大利可能就會在一週之內撤出衣索比亞。

衣索比亞的君王海爾‧塞拉西（Haile Selassie）在義大利占領期間流亡，又於 1941 年回歸，讓衣索比亞恢復獅子旗。1974 年，軍事政變推翻君主，而革命註定會影響國旗上的獅子──首先是王冠被移除，接著長槍取代了基督教十字架，最後整隻獅子都被驅逐了（見下頁圖 10-10、10-11）。

海爾‧塞拉西一世對世界文化造成意料之外的影響，帶動了宗教運動拉斯塔法里教（Rastafarianism）[2]。這個字來自「Ras」，是塞拉西王室頭銜，並結合他稱王之前的名字：塔發里‧馬肯南（Tafari Makonnen）。全世界有將近百萬拉斯塔法里信徒（包含牙買加將近 1% 的人口）。歌手巴布‧馬利（Bob Marley）[3] 或許是史上最有名的拉斯塔法里信徒。

拉斯塔法里信徒相信海爾‧塞拉西是神在世界的體現。他們對大麻的熱愛同樣舉世聞名。我們在第 13 章會看到的馬科斯‧加維（Marcus Garvey）就被視為此宗教的先知。

2　編註：1930 年代自牙買加興起的黑人基督教宗教運動。信徒將其修行稱為生命力修行，且生命力可透過對他人愛的表現、祈禱、冥想，和天然飲食來增強。

3　編註：巴布‧馬利（1945年～1981年）為牙買加唱作歌手，後世尊稱他為雷鬼樂之父。他成功將雷鬼樂（Reggae）帶入歐美，對西方流行音樂產生巨大影響。

▲圖 10-8，現代加上所羅門圖章的衣索比亞國旗（1996 年後）。

▲圖10-9，描繪猶大之獅的衣索比亞國旗（1913年～1936年和1941年～1974年）。

▲圖 10-10，革命後，猶大之獅失去王冠，得到長槍而非十字架。

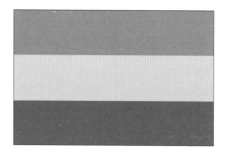

▲圖 10-11，衣索比亞的傳統旗幟。獅子再也無法忍受，所以離開了。

摩洛哥：五尖角象徵伊斯蘭五大支柱

有個北非國家，國旗上也有所羅門的圖章：摩洛哥（見圖10-12）。和衣索比亞不同，伊斯蘭教是摩洛哥的國教。因此，國旗上的星星是綠色（伊斯蘭的顏色），5個尖角象徵著伊斯蘭的五大支柱（又稱五功）[4]。近千年以來，摩洛哥國旗的主要色都是紅色：在十二世紀到

4　編註：指信仰伊斯蘭教所需遵守的五項基本原則：念、拜、課、齋、朝，即「誦念証詞、謹守拜功、法定施捨、封齋節欲、朝觀天房」。

十三世紀的某個王朝時期，國旗上有一面棋盤（見圖 10-13）。到後來的王朝時，國旗則是純紅色，維持了 250 年（見圖 10-14）。

在二十世紀上半葉，摩洛哥被法國和西班牙所分割，西班牙擁有西南部領土，幾乎全部被籠罩在撒哈拉沙漠的黃沙中。摩洛哥在 1956 年脫離法國獨立，但西班牙人到 1975 年才離開西撒哈拉。為了逼迫西班牙人交出土地，摩洛哥國王組織了規模大得不可思議的抗議：他讓 35 萬子民朝著爭議的領土進行和平的遊行。

▲ 圖 10-12，現代的摩洛哥國旗（1915 年後），紅旗中央加上一顆綠色的「蘇萊曼之星」以利辨識。

▲圖 10-13，摩洛哥國旗（1147 年～1269 年），有一面棋盤。

▲ 圖 10-14，摩洛哥國旗（1666 年～1915 年），維持了約 250 年的純紅色。

　　如今，撒拉威阿拉伯民主共和國（縮寫為 SADR，又稱西撒哈拉）是個獲得部分國家承認的國家，聯合國有 45 個會員國承認其主權，但還是有許多相關的爭議。2010 年，摩洛哥在該地展開巨大的摩洛哥國旗，總重 20 公噸，面積 6 萬平方公尺，通過金氏世界紀錄認證為全世界最大的國旗。然而，該認證後來被取消，因為此地的主權尚有爭議。

11 東歐共通元素，橫條紋

東歐國家的歷史有許多共通點，國旗也有許多共通元素：水平條紋。

　　東歐國家的歷史有許多共通點。第一次世界大戰前，當地主要勢力是鄂圖曼土耳其、奧匈帝國和俄羅斯帝國。近代史中，俄羅斯主宰了東歐，許多國家更落入柏林圍牆之後——也就是成為東方集團的一員。

　　東歐的國旗也有許多共通元素：水平條紋。當然，其他地區的國旗也有水平的條紋，但在東歐特別常見。

烏克蘭：自由藍＋活力黃

　　從領土面積的角度來說，烏克蘭在歐洲排名第一（如果不算擁有廣大格陵蘭的丹麥）。從九世紀晚期到十二世紀，烏克蘭的首都一直都是基輔羅斯[1]這個強大國家的中心。然而，往後的大部分時候，烏

1　編註：基輔羅斯（Kievan Rus）是中世紀東歐及北歐地帶一個由眾部落公國組成的聯邦。史學界觀點普遍認為基輔羅斯是三個現代東斯拉夫民族國家（烏克蘭、俄羅斯及白俄羅斯）的前身。

▲圖 11-1，烏克蘭國旗（1992 年後），Pantone 將這兩個顏色命名為「自由藍」和「活力黃」。

克蘭都被其他帝國統治──蒙古韃靼人、波蘭人、奧匈帝國和俄羅斯人。1918 年，在第一次世界大戰和俄羅斯的布爾什維克革命後，烏克蘭短暫的獲得獨立。藍色和黃色的雙色旗成為新國家的國旗（見圖 11-1）。從十二世紀開始，藍色和黃色就是烏克蘭旗幟的傳統色彩。

不幸的是，烏克蘭的獨立沒有持續太久。幾年後，布爾什維克黨人在烏克蘭奪權，並讓烏克蘭加入蘇維埃聯盟。在蘇聯時代，藍黃旗遭到禁止，違反者可能面臨兩年的徒刑。1991 年，蘇聯瓦解，烏克蘭重獲獨立，藍黃雙色旗在隔年又成為烏克蘭的國旗。

如今，世界上只有 4 面國旗是由 2 道不同顏色的水平線組成。烏克蘭的國旗在這之中又獨樹一幟──其他 3 面國旗分別屬於波蘭、摩納哥和印尼，彼此相當類似，都是紅白條紋。

據說，烏克蘭的國旗代表的是國內典型的地景──金色麥田上的藍天。然而，有些人認為條紋的上下放反了。他們說，黃色條紋應該在藍色之上，而假如烏克蘭立刻把國旗反過來，國家的狀況就會瞬間改善！有些人堅持，這是在共產黨入侵之前選擇的設計。有些人說，

國旗描繪的不是麥田上的藍天，而是第聶伯河藍色河水上晴朗的金黃天空。甚至有些人把風水也牽扯進來。

當俄羅斯在 2014 年對烏克蘭發動戰爭，在 2022 年更急遽提高火力時，烏克蘭的國旗就有了特殊意義。每當烏克蘭軍隊解放城鎮或鄉村，烏克蘭的旗幟就會在當地政府建築升起，作為勝利的象徵。居民會用在俄羅斯統治時小心藏起的藍黃旗幟迎接烏克蘭士兵。看到這樣的景象，我就像數百萬烏克蘭人一樣，內心不禁湧上對國旗的全新感動，這是在承平時代很陌生的。

為了表達在烏俄戰爭中對烏克蘭的支持，彩通色彩研究（Pantone Color Institute）給了烏克蘭國旗上的藍色和黃色新的名稱：自由藍和活力黃。於是，烏克蘭成了少數國旗顏色有特殊名稱的國家。

白俄羅斯：維持蘇聯時期國旗

烏克蘭的北方是白俄羅斯，在烏俄戰爭中選擇加入俄國陣營，也是

▲ 圖 11-2，現代的白俄羅斯國旗（1995 年後）。由 1951 年蘇維埃白俄羅斯旗幟重製。

▲ 圖11-3，1991年～1995年的白俄羅斯國旗，白－紅－白三色旗設計根本就是奧地利國旗的反轉。

唯一在蘇聯解體後，仍維持蘇聯時期國旗的國家（見上頁圖 11-2）。

　　獨立後的白俄羅斯也不是一直使用蘇聯式的國旗。1991 年，在退出蘇聯後，白俄羅斯人選擇了白－紅－白三色旗（見上頁圖 11-3。有點像奧地利國旗，但剛好相反）。幾年之後，亞歷山大‧盧卡申科（Alexander Lukashenko）成為總統，針對新的國旗舉辦公投。新採用的國旗僅微調了蘇維埃時代的國旗——唯一的差別是象徵共產主義的紅星、鐵鎚和鐮刀被移除，而左側裝飾紋路的顏色反轉了而已。

　　白－紅－白的三色旗如今為白俄羅斯的反對黨所使用。假如民主勢力勝出，那麼這面旗幟就很可能再次成為國旗。

亞美尼亞：紅、藍、黃三色旗

　　退出蘇聯後，亞美尼亞選擇了水平條紋的紅、藍、黃色旗幟（見第 222 頁圖 11-4），國歌中也提到這面國旗，背後還有個有趣的故事。亞美尼亞的國歌是從亞美尼亞詩人米凱爾‧納爾班迪安（Mikael Nalbandian）的詩作〈義大利女孩之歌〉（*Song of an Italian Girl*）改編，因為義大利和亞美尼亞的國旗都是三色旗。

　　亞美尼亞的國徽也有個有趣的故事。國徽上描繪著亞拉臘山（Mount Ararat）——根據《聖經》，在大洪水退去後，挪亞的方舟就困在這座山上。早先，這座山是亞美尼亞的領土，但蘇維埃政府在 1921 年將這片領土交給土耳其。某個場合，土耳其的外交部長詢問蘇維埃的部長葛羅米柯，為什麼亞拉臘山並非亞美尼亞的領土，卻會出

現在蘇維埃亞美尼亞的國旗上。葛羅米柯的答案很巧妙：月亮不屬於
土耳其人，為何卻出現在土耳其的國旗上呢？

立陶宛、拉脫維亞、愛沙尼亞：3 條水平條紋

立陶宛、拉脫維亞和愛沙尼亞的國旗上都有 3 條水平條紋。他們
的歷史和烏克蘭很相似──在 1918 年，這 3 個波羅的海國家宣布獨
立，選擇了新的國旗。接著，由於史達林和希特勒之間的密謀，他們
成為蘇聯的一分子，在蘇聯瓦解後又換回蘇聯占領前的國旗。

立陶宛國旗的顏色是通稱為「泛非洲」的三種顏色（不過這面國
旗早在此觀念出現前就已經存在，見下頁圖 11-5）。**愛沙尼亞的國旗
有藍、黑和白色條紋，象徵天空、大地和積雪的山峰（見下頁圖 11-
6）。而拉脫維亞的國旗有兩道紅色（或更準確來說是胭脂紅）條紋，
中間是較窄的白色條紋（見下頁圖 11-7）。**

在這三面國旗中，拉脫維亞的國旗歷史最悠久，甚至是世界上最
古老的旗幟之一──早在十三世紀，它就被利沃尼亞騎士團（Livonian
Order）所使用。傳說中，拉脫維亞的領袖在某場戰役中受了致命傷，
而他染血的白色上衣就成了軍隊的旗幟。容我提醒你，現代奧地利的
國旗也有著相似的起源。

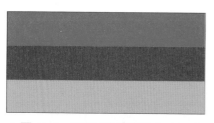

▲圖 11-4，亞美尼亞國旗（1990 年後），由 3 個等寬水平長條組成。

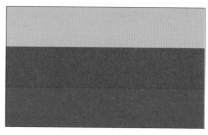

▲圖 11-5，立陶宛國旗（1988 年後）。

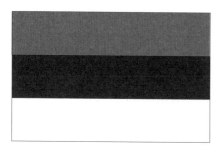

▲圖 11-6，愛沙尼亞國旗（1990 年後），為 3 條等寬的線條。

▲圖 11-7，拉脫維亞國旗（1990 年後），歷史最悠久，甚至是世界上最古老的旗幟之一。

俄羅斯：顏色排列變動的荷蘭國旗

俄羅斯國旗也是水平三色旗，源自十七世紀。根據某個版本的故事，聖彼得大帝（Peter the Great）僱用了荷蘭工匠為俄羅斯海軍打造第一艘船艦。由於俄羅斯沒有海軍旗，他們決定直接使用和荷蘭紅－白－藍國旗相似的設計（見第 224 頁圖 11-8），些微的不同之處是俄羅斯的顏色排序是白－藍－紅。這也就是紅、藍、白條紋如何進入俄羅斯旗幟學的故事了。

十九世紀開始，俄羅斯沙皇使用了另一面三色旗──黑、黃和白，

因此在國旗上造成一些混淆（見下頁圖 11-9）。某段時期，俄羅斯有兩面國旗，但最終還是將白－藍－紅三色旗定為正式的國旗。這面國旗也在最後一任沙皇尼可拉二世（Nicholas II）加冕時使用。典禮的出席者得到白、藍、紅的緞帶和紀念勳章，而一般的莫斯科市民則得到白、藍、紅的紀念馬克杯。

在莫斯科分送這些禮物的期間，發生了嚴重的踩踏事件，造成大約 1,400 位民眾死亡。這場意外在俄羅斯大眾心裡留下深刻印象，特別是因為尼可拉二世決定無視悲劇，照原定計畫參與所有的慶祝。許多人說這是國家不祥的預兆，而他們說對了，1917 年，俄羅斯爆發革命，讓國家在二十世紀大部分的時間都處於蘇維埃聯盟中。

在第二次世界大戰期間，對抗希特勒的俄國人舉著白－藍－紅的三色旗，而到了 1980 年代晚期，對抗共產政權的民主派勢力也使用同一面旗幟。1990 年，由於參加世界西洋棋錦標賽冠軍戰的加里·卡斯帕洛夫（Garry Kasparov）和安納托里·卡波夫（Anatoly Karpov）都來自蘇聯，所以卡斯帕洛夫使用白－藍－紅的旗幟，而卡波夫則是紅色的蘇維埃旗幟。

蘇聯瓦解後，俄羅斯重拾白－藍－紅三色旗。據說，當旗幟第一次在克里姆林宮升起時，卻不小心上下顛倒的掛了一陣子。

如今，俄羅斯發動侵略烏克蘭的戰爭，俄羅斯國旗也就多了威權統治和侵略的意涵。俄羅斯反對派開始使用新的反戰旗幟，用白色取代了國旗上的紅色條紋。紅色條紋與共產主義和鮮血都有關，因此這樣的移除有象徵性的意義。漸漸的，白－藍－白的旗幟開始進入俄羅斯的反戰文化。當然，當前的俄羅斯當局將這面白－藍－白旗幟視為

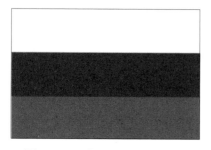

▲圖 11-8，現代的俄羅斯國旗，也是
1917 年十月革命前的國旗。

▲圖 11-9，俄羅斯國旗（1858 年～
1896 年），短暫造成混淆的另一
面三色旗。

極端主義，如果在俄羅斯境內展示，就可能遭到判刑監禁（順道一提，
如果懸掛烏克蘭的國旗也是喔）。

捷克、斯洛伐克、波蘭：鄰近國家的相似國旗

　　東歐不只有屬於前蘇聯的共和國國旗上才有水平的條紋。前面已
經提到，匈牙利是如何在義大利人的影響下選擇了水平條紋。現在來
談談波蘭、捷克共和國和斯洛伐克，這 3 個國家的命運和國旗都密切
相關。

　　斯洛伐克的國旗通常會被歸類於泛斯拉夫色彩的國旗（見圖 11-
10）。斯洛伐克的歷史從 1848 年開始，當時革命的狂潮席捲了歐洲。
斯洛伐克人對抗匈牙利，而俄羅斯帝國提供了協助。在那之後，斯洛
伐克人開始使用和俄羅斯顏色相同的旗幟。

　　波蘭和捷克共和國的國旗都有白色和紅色條紋（見圖 11-11、11-

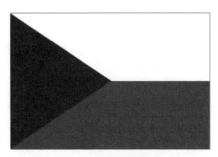

▲圖 11-10，斯洛伐克國旗（1992 年後），與俄羅斯顏色相同。

▲圖 11-11，捷克共和國國旗（1993年後），沿用了捷克斯洛伐克的國旗。

▲圖 11-12，波蘭國旗（1980 年後），波蘭憲法將紅白兩色規定為國家代表色。

▲圖 11-13，斯洛伐克國徽──有法特拉、塔特拉和馬特拉三座山。馬特拉山在匈牙利。

▲圖 11-14，匈牙利的國徽──有法特拉、塔特拉和馬特拉三座山。法特拉和塔特拉山在斯洛伐克。

▲圖 11-15，亞美尼亞的國徽上有亞拉臘山，但亞拉臘山位於土耳其。

12）──這並非巧合。傳說中，兩個國家的歷史可以追溯到萊赫和切赫這對兄弟[2]。遠古時期開始，紅色和白色就出現在兩國的紋章中，最終導致了旗幟學上的尷尬事件。第一次世界大戰後，捷克與斯洛伐克合併成捷克斯洛伐克，新的國旗是白紅雙色旗，剛好和差不多時間獨立的鄰國波蘭一模一樣。

的確，假如是印尼和摩納哥的國旗相似，或許還可以接受……但如果相鄰的兩國有同樣的國旗，就真的讓人混亂了！幸運的是，捷克斯洛伐克在兩年後的 1920 年，在國旗上又加了一個藍色三角形。

當捷克與斯洛伐克統一時，用原創性的方式創作了他們的國歌──結合了一齣捷克歌劇和一首斯洛伐克歌曲的歌詞。他們在 1993 年分開時，各自從捷克斯洛伐克的國歌中拿走自己的部分，就成為新的國歌。然而，國旗的問題就沒那麼簡單了。首先，捷克和斯洛伐克人都同意，新國家不會使用捷克斯洛伐克的象徵。然而，捷克共和國違背約定，沿用了捷克斯洛伐克的國旗（見上頁圖 11-11）。

另一個有趣的紋章學交會是斯洛伐克的國徽。國徽上描繪了三座名字很響亮的山脈：法特拉、塔特拉和馬特拉山。法特拉和塔特拉山在斯洛伐克，但馬特拉山脈在匈牙利。而同樣三座山也出現在匈牙利的國徽！國徽上的山脈其實屬於鄰居的領土……是的，我們也曾經在亞美尼亞的國徽看到相同的情況（見上頁圖 11-13 ～ 11-15）。

2　編註：傳說中有三兄弟──萊赫、切赫和羅斯（Lech, Czech and Rus）──各自建立了一個斯拉夫國家：波蘭（萊赫建立）、波希米亞（切赫建立，現稱捷克），和魯塞尼亞（羅斯建立，後來的基輔羅斯）。不過波蘭及捷克流傳的版本只涉及到其中兩個兄弟，也就是萊赫及切赫。

保加利亞：把俄羅斯藍換成綠色

另一面受到俄羅斯國旗所影響的國旗，是保加利亞國旗（見下頁圖 11-16）。白－綠－紅的保加利亞國旗首次出現在 1878 年俄土戰爭結束時。保加利亞人很可能是拿了俄羅斯國旗，把藍色換成綠色。我們彷彿又看到了義大利國旗的誕生——畢竟，義大利也是拿了鄰國法國的藍－白－紅旗幟當基礎，把藍色改成綠色。

斯洛維尼亞：純屬巧合的相同條紋

前面的章節提過，尼日和印度國旗的相似度讓我驚訝。但還有一對同樣神奇的國旗：斯洛伐克和斯洛維尼亞（見第 225 頁圖 11-10 及下頁圖 11-17）。兩面國旗都有白－藍－紅條紋，左側也都是該國的國徽。兩個國徽都描繪三座山脈。這兩個國家似乎覺得因為國名太過相似而被搞混還不夠！（而更讓人困惑的是，斯洛伐克人稱自己的國家為斯洛維斯卡共和國）

獨立 10 年後，這樣的誤會讓部分斯洛維尼亞人感到困擾，甚至發起正式的倡議，想換一面更獨特的國旗。他們在 2003 年舉辦設計競賽，收到了一些相當特殊的投稿（見下頁圖 11-18 ～ 11-20），但此事並沒有進一步的發展。讀到這裡，你大概對於旗幟學上的保守傾向也不會感到太意外了。

斯洛維尼亞國旗和俄羅斯國旗的相似性，也讓他們很不安。舉例

▲圖 11-16，保加利亞國旗（1879 年～
1947 年，1990 年後），國旗仿效俄
羅斯三色旗，僅將中間的藍改為綠。

▲圖 11-17，現代的斯洛維尼亞國旗
（1991 年後）。

▲圖 11-18，斯洛維尼亞新國旗設計
的獲勝者。

▲圖 11-19，第二名。

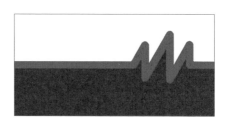

▲圖 11-20，榮譽獎。

▲圖 11-21，克羅埃西亞國旗（1990 年後）。

來說，當俄羅斯在 2022 年開始轟炸基輔，大部分的外交官都立刻撤出烏克蘭首都。幾個月後，俄羅斯的部隊從基輔附近撤退，斯洛維尼亞的外交官回到大使館。他們表示，烏克蘭警察請他們不要懸掛斯洛維尼亞國旗，因為很可能被誤認為俄羅斯國旗。

在 1848 年的民族之春期間，和奧匈帝國對抗的斯洛維尼亞人首次開始高舉白－藍－紅條紋的旗幟。斯洛維尼亞的國旗也時常被稱為泛斯拉夫旗。然而，和塞爾維亞及斯洛伐克的國旗不同，斯洛維尼亞國旗與俄羅斯有相同的條紋，應該是純屬巧合。

克羅埃西亞：擁有特殊紅白格子

同樣在 1848 年，克羅埃西亞王國也出現了現代國旗的原型。這面旗幟同樣有 3 條泛斯拉夫條紋，但除此之外，還有特殊的紅白格子國徽（見圖 11-21）。傳說，克羅埃西亞的國王在某次下棋對弈中為國家贏得了新的領土，於是就有了這樣的國徽——不過，遺憾的是，這個故事是虛構的。雖然會讓西洋棋的粉絲難過，但這個棋盤格和西洋棋沒有關係，而是以當地長久以來的紋章學傳統為基礎。在棋盤格上有 5 面比較小的盾牌，分別來自克羅埃西亞的不同地區。可以注意一下中間的達爾馬提亞紋章：上面有 3 隻花豹，和英國王室徽章上的獅子很像（紋章學中的花豹通常會畫得和獅子一樣，但走路姿態不同，且頭部轉向前方）。在達爾馬提亞的例子裡，紋章上的野獸不是路過，而是面對觀看者——因此牠們被稱為花豹。

　　這 5 面盾牌上，有 2 面畫著六芒星。它們和大衛之星無關，而是代表著通常稱為「晨星」（morning star）的天體，因為那是太陽升起前最後消失的星星。有趣的是，這個名稱在天文學上並不正確，因為它實際上不是恆星（star），而是屬於行星（planet）的金星。金星被認為是太陽和月亮之外，第三明亮的天體。

　　多虧了旗幟學，我們又多學到了關於天文學的知識。真是一門非常實用的學問啊！

12 泛非洲的顏色

在旗幟學中，對於哪些顏色代表泛非洲其實有些混亂。除了馬科斯・加維的黑、紅和綠色組合外，衣索比亞國旗上的綠、黃和紅色有時也被視為泛非洲。

　　我們已經認識了許多影響國家旗幟顏色的歷史人物：比如帶給拉丁美洲黃、藍和紅色的弗朗西斯科・德・米蘭達；帶給清教徒橘色的威廉三世。現在，是時候認識對非洲國旗影響深遠的馬科斯・加維。

　　加維在十九世紀末出生於牙買加，快 30 歲時搬到美國。他的一生都投入全球黑人的人權運動，也呼籲非裔美國人獨立的自我發展。為此，他成立了環球黑人改善協會（縮寫為 UNIA），首先是在牙買加發展，而後在 1914 年進入美國。協會的旗幟是紅－黑－綠的三色旗。

　　加維對黑人人權的抗爭在當時領先潮流。不過，即便他努力爭取對黑人權力的認可，歷史卻對他充滿批判，或將他遺忘。理由之一是他支持激進的種族隔離，並且與三 K 黨會面[1]。其二，他認為所有的黑人最終都應該回到非洲的祖國。

1　編註：三 K 黨（Ku Klux Klan，簡稱 KKK）是美國種族主義的代表性組織，奉行白人至上主義運動。加維是黑人分離主義者，認為理想情況下黑人和白人應該形成兩個獨立的國家，並返回原來的文化家園非洲。在這樣的情況下，加維和三 K 黨的目標不謀而合，也因此受到批判。

1922 年，加維因為金融詐騙被捕入獄。出獄後，他被遣返回牙買加，後來在 1935 年移民倫敦。1940 年，倫敦報紙在他還活著時，就刊登他的訃聞。這對他造成的打擊太大，讓他心臟病發作，真的在 6 個月之後過世——這就是所謂的自我應驗預言吧。加維過世後，人們對他興起了近乎邪教的個人崇拜，他甚至被視為拉斯塔法里運動的先知。1965 年，他在牙買加舉行隆重喪禮，遺體被重新安葬於首都金斯頓。馬丁路德·金恩[2] 甚至曾經到他的墳前致意。

於是，環球黑人改善協會的紅、黑、綠三色旗就和黑人人權運動產生連結，進而影響了一些非洲國家的國旗。由於加維的倡議行動主要發生在英語國家，這些受影響的國家主要都是前英國殖民地。

肯亞：游牧民族特色盾牌

肯亞在 1963 年脫離英國統治，其獨立奮鬥，主要是由肯亞非洲國家聯盟（縮寫為 KANU）所領導，該聯盟在國家獨立後維持了將近 40 年的政權。聯盟旗幟是由環球黑人改善協會的紅、黑、綠三色組成，也成為肯亞國旗的基礎（見圖 12-1）。

較寬的條紋由較窄的白色條紋分隔，這種設計在旗幟學上稱為鑲邊。旗幟中心有個震撼的圖案——一面馬賽人的盾牌和交叉的長槍。

2　編註：馬丁路德·金恩（Martin Luther King，1929年～1968年）是一位美國牧師、社會運動者、人權主義者和非裔美國人民權運動領袖，1963年在林肯紀念堂前發表《我有一個夢》演講，1964年榮獲諾貝爾和平獎。

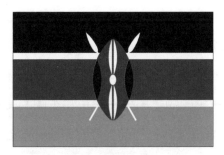

▲圖 12-1，肯亞國旗（1963 年後）。

馬賽人是居住在非洲這個地區的游牧民族，他們的盾牌傳統上是由水牛皮縫製在木框上，並且用像國旗這樣的幾何圖案來裝飾。

馬拉威：31 道太陽光芒

　　馬拉威在肯亞獨立後 6 個月脫離大英帝國，他的國旗有著類似的故事。馬拉威的獨立運動和肯亞一樣，也使用了環球黑人改善協會顏色作為象徵，並影響了國旗（見圖 12-2）。國旗上半部的條紋上描繪

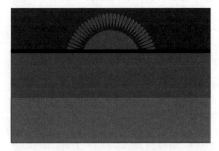

▲圖12-2，現代的馬拉威國旗（1964年～2010年、2012年後）。

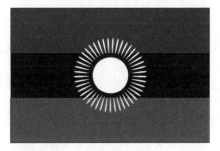

▲圖 12-3，馬拉威國旗（2010 年～2012 年間）。

了 31 道光芒的太陽。這個數字代表的是馬拉威是非洲第 31 個獨立國家。世界上不同國旗的數字象徵多麼多元啊！

三十年來，馬拉威的領導人一直是海斯廷斯·班達（Hastings Banda）。班達擁有美國的哲學學士學位和英國的醫學學位，看起來應該能成為觀念進步的統治者。然而，班達卻實施獨裁統治，讓馬拉威成為非洲最貧困的國家之一。相反的，他的個人商業帝國卻占了國內生產毛額至少 10%。

2010 年，馬拉威內閣突如其來的重新設計了國旗（見上頁圖 12-3）。他們改變了條紋的顏色，以配合加維的旗幟，並且把太陽移到正中央，顏色也變成白色。這樣的更動據說是要象徵他們所謂的馬拉威的成就。但馬拉威人並不喜歡這個改變（或許他們寧願相信，馬拉威的進步還在前方等著），於是在下個總統上臺後，就換回以前的國旗。

南蘇丹：內戰頻仍的年輕國家

國旗和馬拉威類似的南蘇丹，是世界上最年輕的國家，經過一連串血腥的內戰後，終於在 2011 年脫離蘇丹獨立。對抗蘇丹的戰爭是由蘇丹人民解放陣線所領導，他們的旗幟顏色（見第 236 頁圖 12-4）和加維的旗幟相同。南蘇丹獨立後，解放陣線的領導人薩爾瓦·基爾（Salva Kiir）成為國家的總統（他在公眾場合總是帶著一頂喬治·布希〔George W. Bush〕送的牛仔帽），而陣線的軍旗也就成了國旗的基礎。國旗上黑色、紅色和綠色條紋的順序和肯亞相同，也加入一條較窄

的白色分隔線象徵和平。不幸的是，這條白線並沒有幫助：2013 年，年輕南蘇丹的兩大種族又爆發內戰。

利比亞：加維顏色＋泛阿拉伯圖像

利比亞的國旗一開始是畫著伊斯蘭彎月的黑色國旗（見下頁圖 12-6），很顯然是受到鄂圖曼土耳其的啟發（畫白色彎月的紅旗）。

1969 年，利比亞爆發政變，而最終由一位極度殘暴的政治人物奪權：穆安瑪爾・格達費（Bedouin Muammar Gaddafi）。他在位超過 40 年，引發的極端情緒幾乎在世界各個角落都能感受到。格達費是泛阿拉伯主義的虔誠信徒，夢想著將所有阿拉伯國家統一成單一國家。以下是利比亞和鄰居們形成的同盟關係：1970 年和埃及；1974 年和突尼西亞與阿爾及利亞；1980 年和敘利亞；以及 1983 年與摩洛哥。這些同盟都沒能持續太久，但幾乎每次結盟，都會帶來新的泛阿拉伯色彩國旗，第 13 章會有詳細介紹。

格達費政治思想的中心是他在《綠皮書》[3] 所寫的「世界第三理論」（Third International Theory），混合了歐洲無政府主義的思想和伊斯蘭的教義，令人嘆為觀止（根據格達費的說法，之所以稱為第三，是因為和資本主義及社會主義都不同）。1977 年，為了紀念《綠皮書》，

3　編註：格達費為敘述自己的政治哲學而撰寫的書籍，在 1975 年首次出版。全書由三個部分組成——民主問題的解決方案：人民的監督、經濟問題的解決方案：社會主義、第三國際理論的社會基礎。

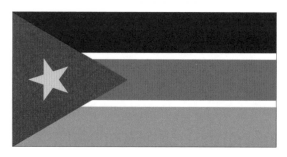

▲圖 12-4，南蘇丹國旗（2011 年後），白色分隔線象徵和平，可惜作用並不大。

▲圖 12-5，現代的利比亞國旗（2011 年後），為紅、黑、綠三色橫旗。

▲圖 12-6，利比亞國旗（1949 年～ 1951 年），受到鄂圖曼土耳其的啟發。

▲圖 12-7，利比亞國旗（1977 年～ 2011 年），綠色象徵信奉伊斯蘭教，也呼應 1969 年的綠色革命。

利比亞採用了純綠色的新國旗（見圖 12-7）。

2011 年，利比亞爆發革命，格達費落入憤怒叛軍的手中，遭到殘忍的殺害，屍首則被放在放置蔬菜的冰箱裡示眾。推翻格達費後，利比亞又換回格達費之前的國旗。

迦納：鑲在黃金海岸上的黑色星星

我們再回到馬科斯・加維吧。他對旗幟學的貢獻不只在於顏色，

▲圖 12-8，現代的迦納國旗（1957年後），黃色象徵黃金。

▲圖 12-9，迦納與幾內亞的非洲聯盟，第一版旗幟（1958 年和 1961 年）。

▲圖12-10，馬利加入後，非洲聯盟的第二版旗幟（1961年～1963年）。

▲圖 12-11，迦納國旗（1964 年～1966 年）。難道黃金已經沒了？

也在於圖像——黑色的星形。畢竟，迦納是為了紀念加維的黑星航運公司，才在 1957 年從英國獨立後，在國旗上加上黑色的星形。

由於大量的黃金礦藏，這個區域也稱為黃金海岸。事實上，迦納國旗的黃色線條就象徵著黃金（見上頁圖 12-8）。「迦納」這個名字的意思是「強悍的戰士國王」，是某個中世紀非洲帝國給予國王的頭銜（但矛盾的是，該王國並不在現代的迦納境內）。克瓦米・恩克魯瑪（Kofi Kwame Nkrumah）成為迦納的第一任總統。

恩克魯瑪和加維一樣，夢想著有朝一日團結整個非洲。為此，他在 1958 年宣布成立迦納與幾內亞的聯盟，馬利則在 1961 年加入。每次新成員加入，國旗上就會多一顆黑星（見上頁圖 12-9、12-10）。我很好奇，假如更多國家加入聯盟，國旗的設計者該如何是好。

過去的歷史告訴我們，要主動嘗試統一不同的國家，幾乎是不可能的任務。這個聯盟也不例外，很快就分崩離析。於是，迦納重新回到只有一顆星的國旗，但同時用白色線條取代黃色的（見上頁圖 12-11。難道國家的黃金已經開採光了？）不過兩年後再度發生政變，黃色線條再次回到國旗上。

1979 年，空軍上尉傑瑞・羅林斯（Jerry Rawlings）企圖發動政變。行動失敗，羅林斯被逮捕，判處槍決。然而，有一群低階軍官幫助他逃獄，後來甚至成功東山再起。接著，發生了在非洲很罕見的情況：他在 1992 年的總統大選勝出，成為非洲第一個透過民主選舉成為總統的軍政府領袖。從迦納經濟成長的速度來看，羅林斯顯然是個出色的領導人。

幾內亞比索、維德角、聖多美普林西比：受迦納影響的前葡萄牙殖民地

迦納的國旗直接影響了幾內亞比索和維德角共和國的國旗。我們在兩面國旗上都看到馬科斯‧加維的黑星。

兩面國旗都是以幾內亞與維德角非洲獨立黨（縮寫為 PAIGC）的旗幟為基礎（見下頁圖 12-12、12-13），這個政黨爭取兩個國家從葡萄牙獨立。兩個國家的命運和安哥拉及莫三比克很相似，同樣都在葡萄牙的康乃馨革命後獨立，即刻狂熱的踏上共產主義之路。

幾內亞與維德角非洲獨立黨在幾內亞比索與維德角同時掌權。最初的計畫是兩國統一，卻因為幾內亞比索發生軍事政變而破局。有趣的是，幾內亞與維德角非洲獨立黨仍然是幾內亞比索的最大黨，在縮寫裡也還是保留了代表維德角的字母「C」。

1992 年，維德角選擇了嶄新設計的國旗（見下頁圖 12-14），終於跳脫了和幾內亞比索的共同歷史。**新的國旗上有十顆黃星排成的圓圈，代表這個太平洋國家主要的島嶼**。這面國旗和歐盟的旗幟非常相似。奇特的是，國旗上沒有綠色，但維德角在葡萄牙語裡的意思就是「綠色海角」。

另一個前葡萄牙殖民地的國旗上也有兩顆黑星：聖多美普林西比（見下頁圖 12-15）。你大概也猜到了，它們象徵的是兩座島嶼：聖多美和普林西比。

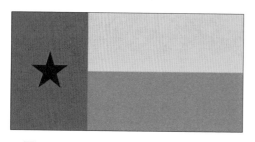

▲圖 12-12，幾內亞比索國旗（1973 年後）。

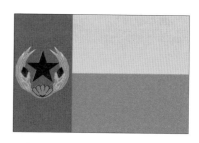

▲圖12-13，維德角共和國國旗（1975年～1992年），和幾內亞比索相似。

▲圖 12-14，現代的維德角共和國國旗（1992 年後）。

▲圖 12-15，聖多美普林西比國旗（1975 年後）。

喀麥隆：直條泛非洲三色旗

在旗幟學中，對於哪些顏色代表泛非洲其實有些混亂。除了馬科斯・加維的黑、紅和綠色組合外，衣索比亞國旗上的綠、黃和紅色有時也被視為泛非洲。

我們已經討論過部分受到衣索比亞國旗影響的國家，現在也來討論剩下的吧。

喀麥隆是繼迦納之後，第二個在國旗上使用衣索比亞配色的國家。

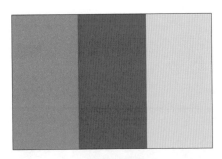

▲圖 12-16，喀麥隆國旗（1957 年～1961 年）。

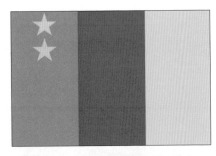

▲圖 12-17，喀麥隆國旗（1961 年～1975 年），兩顆星象徵聯邦政府。

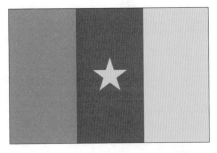

▲圖 12-18，現代的喀麥隆國旗（1975 年後），成為中央集權國家。

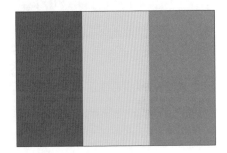

▲圖 12-19，幾內亞國旗（1958 年後）。

在喀麥隆的歷史中，曾受到葡萄牙（葡萄牙語「喀麥隆」的意思是「蝦的河流」）、荷蘭及德國的統治。第一次世界大戰後，喀麥隆則被法國與英國瓜分。這樣的分割在許多方面仍持續影響著喀麥隆的未來。

法屬喀麥隆首先在 1960 年獨立，設計了像法國那樣直條紋的三色旗，顏色則選用泛非洲色彩（見圖 12-16）。隔年，英屬喀麥隆舉行公投，詢問人民想要加入喀麥隆或是奈及利亞。喀麥隆勝出，所以前英屬喀麥隆與前法屬喀麥隆合併。

為表達對使用英語的少數者的尊重，他們選擇聯邦政府的形態，

這反映在國旗上多加的 2 顆星星（見上頁圖 12-17）。然而，即便英語使用者不斷抗議，喀麥隆還是在 15 年後成為中央集權國家；而國旗最左側的兩顆星，也改成正中央的一顆星（見上頁圖 12-18）。如今，喀麥隆的英語區仍有著分裂主義的訴求，並不時爆發武裝衝突。

幾內亞：顏色排列不同的直條三色旗

另一個擁有紅－黃－綠三色旗的國家是幾內亞（見上頁圖 12-19。請不要和赤道幾內亞或幾內亞比索搞混了）。幾內亞在 1958 年脫離法國獨立，由艾哈邁德・塞庫・圖雷（Ahmed Sékou Touré）擔任第一任總統。

圖雷同志是迦納總統恩克魯瑪同志的盟友兼好友，據說這也影響了幾內亞的國旗。你或許已經猜到了，圖雷是共產主義者，而且把共產主義帶到了全新的高度。幾內亞的政府意圖控制一切，其中也包含了市集裡的攤販人數。1977 年發生了一系列的抗議和暴動，稱為「市場婦女革命」，而後，幾內亞才漸漸開始放棄左翼思想。

即便有著豐富的礦產資源，幾內亞如今仍是全世界最貧困的國家之一。幾內亞曾經擁有豐富的自然生態，但大猩猩、花豹和大象族群在上個世紀都已消失滅絕。或許在幾內亞，大象最後出現的地方是他們的國徽，不過在 1984 年，就連國徽上的大象也被移除。

馬利：幾內亞國旗的翻轉

如果把幾內亞的國旗翻過來，就會得到鄰國馬利的國旗（見下頁圖 12-20）。最初，這個國家被稱為法屬蘇丹。假如這個名字並未更改，那麼非洲就會不只有 3 個幾內亞，也有 3 個蘇丹了。

馬利在 1960 年獨立，不久之後就選擇了一面相當特殊的國旗（見下頁圖 12-21）——中央有個黑色的抽象人形（稱為卡納加）。然而，人像在隔年就被移除，因為馬利的主流宗教伊斯蘭教禁止任何人類形象的圖案。

塞內加爾：馬利國旗＋綠星

馬利在獨立前不久，從法國得到自治權，並且與塞內加爾統一。而後，塞內加爾退出，用馬利的國旗為基礎，但在中間的條紋加上一顆綠星（見下頁圖 12-22）。這面國旗此後就不曾改變，但塞內加爾政府的確曾在 2004 年試圖用猴麵包樹 [4] 來取代綠星（但沒有成功）。

4　編註：一種原生於非洲且多用途的樹木。可活用於食材、藥材及資材等，也因此被稱為「珍寶之木」。

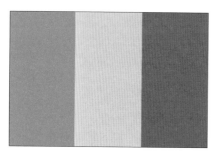

▲圖 12-20，馬利國旗（1961 年後），
顏色順序和幾內亞相反，

▲圖12-21，有黑色人像的馬利國旗
（1959年～1961年），其選色早於
查德。

▲圖 12-22，塞內加爾國旗（1960
年後），以馬利的國旗為基礎，再加
上一顆綠星。

布吉納法索：象徵燈塔的黃星

還有個國家原定加入馬利和塞內加爾的聯盟：前法國殖民地上伏
塔（Upper Volta，又譯上沃爾特）。

上伏塔的國旗是黑、白、紅三色旗（見圖 12-23）——在非洲是相
對罕見的顏色組合，恰好與德意志帝國的國旗相符。在 1983 年的軍事
政變中，湯瑪斯・桑卡拉（Thomas Sankara）奪權。他魅力獨具，又懷

▲圖 12-23，上伏塔的旗幟，在非洲
罕見的配色。

▲圖 12-24，布吉納法索國旗（1984
年後）。

抱左派觀點，所以被稱為「非洲的切‧格瓦拉[5]」。掌權的 4 年間，他
在貧窮的國家實行許多重要改革：他降低了兒童死亡率、禁止女性割
禮和一夫多妻制，並積極打擊貪腐。他的其中一項決策，是將上伏塔
改名為布吉納法索，意思是「誠實人民之地」。

有了新名字後，他們也選擇了新的國旗：紅－綠雙色旗，中央有
一顆黃星，理應象徵燈塔，指引誠實的人民朝著共產主義前進（見圖
12-24）。

桑卡拉本人無疑是個誠實的人。他被稱為世界上最貧窮的總統。
他的辦公室沒有空調，旅行時搭經濟艙，也逼迫所有政府官員這麼做。
當他在執政 4 年後被推翻殺害時，個人財產只有 1 臺老舊的寶獅汽車、
4 輛腳踏車和 3 把吉他。

5　編註：切‧格瓦拉（Che Guevara）是中南美洲共產革命的象徵。他在學生時代遊
　　歷中南美洲，目睹社會貧富不均，認為只有革命才能解決不平等。曾參與古巴革命，
　　又前往玻利維亞等地實踐革命理想。美國時代雜誌曾將格瓦拉選為二十世紀百大影
　　響力人物之一。

貝南：變體的三色組合

與布吉納法索相鄰的貝南在剛建國時，也曾經使用不同的國名直到 1975 年。先從法國處得到自治權而後獨立，當時的貝南稱為達荷美（Dahomey）。達荷美的國旗有一條綠色直條紋和黃色與紅色兩條水平條紋（見第 248 頁圖 12-25。當時，幾乎所有水平條紋的三色組合都被使用了，所以他們得發明新的設計）。

獨立初期，年輕的貝南幾乎每年都發生軍事政變，直到馬蒂厄·克雷庫（Mathieu Kérékou）准將奪權為止，此人在該國歷史上扮演著重要的角色。在總統任期之初，他積極推動馬克思－列寧主義的思想。為了紀念這一點，他甚至把國家改名為貝南[6]，並在 1975 年採用新國旗：綠色背景上有一顆社會主義紅星（見第 248 頁圖 12-26。同年，克雷庫抓到他的妻子和內政部長通姦，於是下令將對方當場射殺）。

然而，當蘇維埃聯盟瓦解，克雷庫就遠離左派思想，恢復了原本的國旗。我們應該向他充滿彈性的世界觀致意，因為終其一生，他不只改變自己的經濟觀，也改變了宗教信仰：他最初是羅馬天主教徒，接著受利比亞獨裁者格達費的影響皈依伊斯蘭，最後又成為新教徒。

貝南在歷史中還有一面國旗，有著我至今無法解開的旗幟學謎團。在十九世紀上半葉，達荷美有著很不尋常的旗幟：一隻頭戴皇冠的大象（見第 248 頁圖 12-27）。此外，這個皇冠並不只是抽象的圖案，而是我們已經從其他國旗熟悉的聖愛德華皇冠。這個皇冠為何會出現在

6　編註：貝南（Benin）和列寧（Lenin）只差一個字母。

遙遠非洲的國旗上，而且達荷美甚至不曾被英國殖民過？或許這和達荷美曾經在奴隸貿易中欣欣向榮，又是以英國商人為主要客戶有關。事實上，達荷美的衰敗和後續的法國殖民，都發生在英國禁止奴隸貿易後。有趣的是，達荷美王國的最後一面國旗上不再有大象，而只剩下象牙（見下頁圖 12-28）。這也可以說有著悲傷的象徵意味。

多哥：黃金比例的條紋旗

貝南的西方是多哥，有著和賴比瑞亞相似的國旗——容我提醒你，賴比瑞亞國旗的靈感來自美國。假如仔細檢視多哥的國旗，你會注意到其中隱微的美感。這面國旗由多哥藝術家保羅・阿赫伊（Paul Ahyi）所設計，在過程中還使用了黃金比例（見下頁圖 12-29）。

辛巴威：持續追尋社會主義理想

衣索比亞的國旗顏色同樣出現在辛巴威國旗上。在辛巴威剛獨立時，曾被視為非洲較高度發展的國家，國名是南羅德西亞（北羅德西亞則成為尚比亞）。

1960 年代，大英帝國陸續賦予殖民地獨立的地位，並秉持著「多數統治落實前不得獨立」的原則，也就是說殖民地唯有在權力由少數白人殖民者轉移到多數人時，才能獲得獨立。然而，在南羅德西亞，

▲圖 12-25，現代的貝南國旗（1959年～1975 年及 1990 年後）。

▲圖12-26，克雷庫在綠色背景上加上共產黨紅星（1975年～1990年）。

▲圖 12-27，達荷美王國國旗（1818年～1859 年）。為何會出現聖愛德華皇冠？

▲圖12-28，達荷美王國的最後一面國旗，上面是象牙而非大象本身。

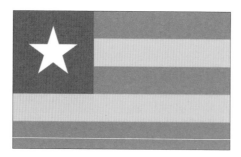

▲圖 12-29，多哥國旗（1960 年後），縱橫比例接近黃金矩形。

▲圖12-30，羅德西亞國旗（1968
年～1979年），中央的大辛巴威鳥
來自遺跡石雕。

▲圖12-31，辛巴威羅德西亞國旗
（1979年）。

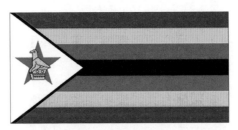

▲圖12-32，辛巴威國旗——泛非洲
色彩（1980年後），條紋來自對抗
白人政府組織的旗幟。

這情況並未發生，而是直接由掌權的白人少數派單方面宣布獨立。目
前這個政府也沒有獲得大多數國家的認同，對內還實施和南非類似的
種族隔離政策。

　　這個不被承認國家的國旗（見圖12-30），設計和奈及利亞類似，
不過中央的白色條紋上有著國徽。在國徽中央是大辛巴威鳥，這個圖
樣源自大辛巴威古城遺跡的石雕。當國內的白人少數和黑人多數在
1979年達成妥協，更名為辛巴威羅德西亞後，這隻鳥仍留了下來（見
圖12-31）。甚至到了1980年，權力終於轉移到多數的種族時，這隻
鳥仍然沒有被移除。

在辛巴威當今的國旗上（見上頁圖 12-32），大辛巴威鳥的後方有一顆紅星，象徵著領導階層對社會主義理想的追尋。國旗上的七道條紋，來自某個對抗白人政府組織的旗幟。卡南．巴納納（Canaan Banana）成為辛巴威的第一任總統。在 1982 年，他通過法律禁止人們用他的名字開玩笑（顯然，香蕉的笑話令他難以忍受）。下一任總統羅伯特．穆加比（Robert Mugabe）統治超過 30 年，讓國家陷入極度貧困。辛巴威曾經是非洲大陸最繁榮的國家之一，如今卻陷入經濟停滯，當地的惡性通貨膨脹，人民必須用獨輪推車裝滿了鈔票，才能買到一條麵包。

接著就來看看下一類擁有共同歷史和顏色設計的國旗：泛阿拉伯國旗吧！

13 阿拉伯，真主至大

黑、綠、白、紅四色各自代表阿拉伯王朝，其中紅色是哈希姆王朝，也就是領導阿拉伯起義的胡笙的血脈。

　　1916 年，在第一次世界大戰的高峰，阿拉伯半島出現了對抗鄂圖曼土耳其帝國的民族主義起義，稱之為阿拉伯起義[1]，領導者是哈希姆家族的謝里夫‧胡笙‧本‧阿里（Sharif Hussein bin Ali）。英國和法國都在暴動中支持阿拉伯人，希望能讓鄂圖曼土耳其部隊遠離前線。英國外交官對胡笙清楚表明，假如胡笙的部隊起身對抗土耳其人，英國就會支持阿拉伯獨立。

　　英國的幫助不只反映在外交和軍事的援助上，也反映在他們對阿拉伯旗幟的貢獻。英國外交官馬克‧賽克斯（Mark Sykes）爵士設計了一面旗子（見下頁圖 13-1），立刻就受到阿拉伯叛軍的歡迎。旗幟上有黑、綠和白色的條紋，最左側有紅色的三角形。4 種顏色各自代表阿拉伯的王朝，紅色是哈希姆王朝——胡笙的血脈。或許正因為胡笙在這些事件中扮演重要角色，才讓紅色的元素在國旗上凸顯而出。

1　編註：阿拉伯起義（Arab Revolt）雖然在西方世界認為是阿拉伯人爭取民族獨立的鬥爭，但當時阿拉伯人的民族認同感並不強烈，反而是政治與派系上較為分裂。

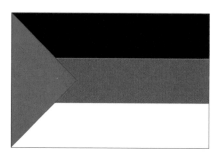

▲圖 13-1，阿拉伯革命的旗幟（1917 年）。

　　然而，胡笙和歐洲人對於他們的協議顯然有著不同的解讀。洩漏給蘇聯報紙的訊息顯示，英國和法國簽訂祕密的《賽克斯－皮考特條約》（和設計國旗的是同一個賽克斯），將阿拉伯地區分割為各自的勢力範圍。胡笙只得到阿拉伯半島的一部分，而非整個阿拉伯地區，於是覺得遭到背叛。

　　胡笙有 4 個妻子和 8 個孩子。兒子們和父親一起積極參與阿拉伯革命，接著統治數個中東地區的國家。其中一個兒子阿里成為希賈茲（Hejaz）國王，該地區屬於現今的沙烏地阿拉伯領土。另一位兒子阿卜杜拉成為外約旦酋長國領導人，後來又成為獨立約旦的國王。下一個兒子費薩爾先成為敘利亞國王，而後則是伊拉克國王。由於這些家族的安排，兄弟們所統治的國家國旗都很類似——都是阿拉伯革命的顏色，加上七芒星的符號，代表《古蘭經》中 7 則常被重複的經文（見圖 13-2 ～ 13-4）。

　　1958 年，約旦和伊拉克嘗試統一（兩國的統治者是表親），形成了哈希姆阿拉伯聯邦。然而，聯盟只持續了 5 個月，伊拉克就爆發軍事政變。

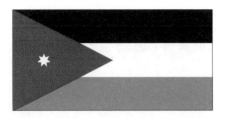

▲圖 13-2，約旦國旗（1928 年後）。

▲圖 13-3，阿拉伯敘利亞王國國旗
（1920 年）。

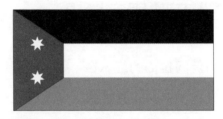

▲圖13-4，伊拉克王國國旗（1924
年～1958年）。

▲圖 13-5，赫迪夫埃及的旗幟（1881 年～
1914 年）和埃及蘇待國國旗（1914 年～
1922 年）。雙重象徵極不尋常。

▲圖 13-6，1919 年抗英革命期
間的旗幟，同時有彎月和十字
架兩種宗教符號。

▲圖13-7，埃及王國（1922年～1953年）和埃及共
和國（1953年～1958年）的共同官方旗幟。

在這個地區，聯盟的建立成為最重要的國際關係議題。幾乎每個阿拉伯國家都曾經在某個階段試圖與鄰國聯盟。因此，幾乎每一面國旗上都有著阿拉伯的顏色。

埃及：國旗變化反映國家歷史

歷史上曾經擁有泛阿拉伯的紅、白、黑、綠國旗的國家中，人口最多的是埃及。事實上，埃及的歷史幾乎完全反映在國旗的變化上。埃及最初屬於鄂圖曼土耳其帝國，但在 1882 年的革命後被英國占領。埃及的國旗很不尋常──紅色的旗面上有 3 個彎月和星星（見上頁圖13-5）。3 個彎月就像我們在巴拿馬國旗演變中看過的 3 顆太陽一樣，是特殊的天體設計，有雙重的象徵意味。首先，它代表埃及在三大洲的活動（非洲、歐洲、亞洲）。其次，由於受到鄂圖曼土耳其的影響，3 個月亮也可能象徵埃及人比土耳其人更優越。為何不呢？喬治亞的國旗上有 5 個基督教的十字架呢！

一戰後，埃及出現大規模向英國爭取獨立的示威抗議。抗議行動團結了穆斯林和基督徒，使用的旗幟是綠色背景上有伊斯蘭的彎月和基督教的十字架（假如你是電腦工程師，這面旗幟可能會讓你想起 C++ 程式語言，見上頁圖 13-6）。在同一面旗幟上有兩種宗教的符號相當特殊，不幸的是，當埃及在 1922 年獲得獨立後，這個大膽的象徵意涵並未被保留，十字架和彎月並排的設計被改成彎月裡加上三顆星（見上頁圖 13-7）。據說，星星代表的是居住在埃及的人民──穆斯林、

基督徒和猶太人，但也可能是埃及、努比亞[2]和蘇丹。

1952 年，在卡邁爾‧納賽爾（Gamal Nasser）的領導下，一群軍官推翻了法魯克（Farouk）國王，埃及在漫長的歷史中第一次成為共和國。此後，埃及的國旗就進入鳥類時代。首先，國旗上裝飾了薩拉丁之鷹，腹部有一枚彎月和 3 顆星（見下頁圖 13-8）。1972 年，埃及試圖與鄰國（這次是利比亞和敘利亞）統一，形成阿拉伯共和國聯邦，用阿拉伯民族主義的古蘭經之鷹取代國旗上的 2 顆星（見下頁圖 13-9）。儘管聯邦只持續了 5 年，埃及卻持續使用該國旗到 1984 年，才再次採用薩拉丁之鷹（見下頁圖 13-10）。

我們在第 2 章討論第三次十字軍東征時，已經提過薩拉丁。薩拉丁在十二世紀統治過埃及和敘利亞，並且在巴勒斯坦打敗獅心王理查和其他歐洲國王。因此，他在阿拉伯革命分子心中地位崇高也不意外了──畢竟，他具體展現了對可憎英國的抗戰。然而，我們也得為薩拉丁說句公道話：他看起來是個很棒的領導人。他熱愛哲學與詩學，並在殘酷的時代中展現了前所未有的人道。舉例來說，當薩拉丁攻陷耶路撒冷時，保留了聖墓教堂，並允許基督徒朝聖者拜訪這個聖地。

多麼有趣的因果啊！埃及人和英國人將近 1,000 年前的對峙，竟反映在大英帝國和埃及現代的國旗上。

唯一沒有鳥類的埃及國旗是在 1958 年，當埃及和敘利亞組成阿拉伯聯合共和國時，共和國的旗幟是泛阿拉伯的三色旗，但中央有 2 顆

2　編註：努比亞（Nubia）是位於埃及南部與蘇丹北部之間沿著尼羅河沿岸的地區。埃及獨立時，努比亞與蘇丹皆屬於埃及，爾後蘇丹於 1956 年獨立，努比亞被分給了埃及和蘇丹兩國。

▲圖13-8，埃及共和國國旗（1952年～1958年），有薩拉丁之鷹、彎月和3顆星。

▲圖13-9，阿拉伯共和國聯邦國旗（1972年～1984年），與利比亞、敘利亞的聯邦——有古蘭經之鷹。

▲圖13-10，現代的埃及國旗（1984年後）——薩拉丁之鷹強勢回歸。

▲圖13-11，阿拉伯聯合共和國國旗（1958年～1971年），2顆星象徵著埃及和敘利亞。

綠星，象徵著埃及和敘利亞（見圖 13-11）。

　　這面國旗的命運很神奇。埃及和敘利亞的聯盟只持續了 3 年，但在敘利亞退出後的 10 年間，埃及仍持續自稱阿拉伯聯合共和國，並使用這面雙星國旗。

　　更甚者，這面 2 顆綠星的國旗如今是敘利亞的官方國旗。來看看到底是怎麼回事吧。

敘利亞：星星數量變變變

　　和埃及一樣，與鄰國的紛擾和國內的軍事政變，都能在敘利亞國旗上看出端倪。從法國獨立後，敘利亞選擇綠－白－黑三色旗，上有 3 顆紅星──同樣的泛阿拉伯色彩，但排列順序不同（見圖 13-12）。

　　接著是與埃及的聯盟和雙星國旗（見圖 13-13）。幾年過後，敘利亞發生軍事政變，推翻了先前的國旗。而後又有另一場政變，再度通過紅－白－黑的國旗，但這次加上 3 顆星，為了紀念即將與埃及和伊

▲圖13-12，敘利亞國旗（1946年～1958年和1961年～1963年），排列順序不同的泛阿拉伯色彩。

▲圖13-13，現代的敘利亞阿拉伯共和國國旗（1980年後至今）。先前與埃及短暫聯盟時亦為國旗（1958年～1961年）。

▲圖 13-14，為紀念即將與埃及、伊拉克的聯盟，在國旗上放上 3 顆星，即使聯盟未實現，仍採用了一陣子（1963 年～1972 年）。

▲圖 13-15，敘利亞國旗（1972年 ～ 1980 年 ）──1972 ～1977 年作為阿拉伯共和國聯邦的一員。

拉克建立的聯盟（見上頁圖 13-14。伊拉克也選用相同的國旗）。

敘利亞與伊拉克和埃及的聯盟並未實現，但在 1973 年，敘利亞又規畫與埃及和利比亞結盟，採用了古蘭經之鷹的國旗（見上頁圖 13-15）。最後，在 1980 年，當聯盟再度失敗的情勢昭然若揭，敘利亞又回到 2 顆綠星的國旗，以展現對於阿拉伯聯盟的堅定決心。

你或許已經快要受不了這場流星雨了，但我只能說，中東國旗之旅的這段路並不好走。

在本書寫作期間，敘利亞仍經歷內戰，部分領土受到繼承父親的前眼科醫師總統阿薩德（Bashar al-Assad）所控制。另一部分則在反對派手中，他們使用的是敘利亞甫獨立時的古早三星旗。

伊拉克：真主至大

和敘利亞與埃及不同，伊拉克在第二次世界大戰前就已經於 1932 年獨立。紅色的三角形被另一個獨特的圖形取代——有著 2 顆白色七芒星的梯形，象徵著底格里斯河與幼發拉底河（見第 260 頁圖 13-16）。1958 年的軍事政變後，伊拉克成為共和國，選擇了相對特殊的新國旗設計：三條垂直線條，以及代表少數民族庫德族的黃色太陽（見第 260 頁圖 13-17）。當新政府努力追求與敘利亞和埃及的聯盟，而改用三星旗時，對庫德人來說可謂不祥的預兆。

人們很快的看出，這個聯盟並不可行，但三星旗在伊拉克維持了將近 30 年（見第 260 頁圖 13-18）。下一個改變國旗的是薩達姆・海珊

（Saddam Hussein），他在 1979 年發動宮廷政變，推翻他的表親，但又再過了 12 年才動到國旗上。

海珊可以說是二十世紀出名的虐待狂。在奪權之前，他是伊拉克政府國內治安局的首長。根據估計，他的政權共殺害將近 25 萬人，而他本人也很享受折磨審問受害者。據信，海珊有 107 種審問方法，其中包含將菸頭按熄在受害者的眼球上，以及將受害者浸入強酸池。許多例子都顯示這位伊拉克獨裁者的殘暴，或許其中最糟的是在 1988 年對庫德族人使用化學武器，殺害或嚴重殘害 1 萬 5,000 位平民（納粹創造了這種神經毒物，但希特勒不曾使用過）。海珊的一位叔公是希特勒的仰慕者，對海珊有很深遠的影響。他甚至出版一份小冊子，標題是《三種上帝不該創造的生物：波斯人、猶太人和蒼蠅》（*Three Whom God Should Not Have Created: Persians, Jews, and Flies*）。

在政權最終，薩達姆・海珊展現出極高的虔誠信仰。舉例來說，他在 1990 年代晚期公開展示「血之古蘭經」──據說，這份古蘭經是用海珊的血所寫成。海珊的虔誠也反映在伊拉克的國旗上：1991 年，他在 3 顆星之間加上親手寫的「塔克比爾」（takbir，指的是阿拉伯文印刻的「真主至大」，見下頁圖 13-19）。美國在 2003 年推翻海珊政權時，國旗再次改變。首先是塔克比爾變成標準印刷體（見下頁圖 13-20），接著在 2008 年，3 顆星被移除（見下頁圖 13-21）。

有趣的是，美國人在 2004 年提議伊拉克採用嶄新設計的國旗，顏色和該地區其他國旗都不相同。彎月象徵伊斯蘭，黃色象徵庫德族，而 2 道藍色條紋是底格里斯河及幼發拉底河（見第 261 頁圖 13-22）。然而，伊拉克人覺得新的設計太前衛，因此拒絕採用。

▲圖13-16,英國統治的伊拉克
（1921年～1932年）和伊拉克王國
國旗（1932年～1958年）。

▲圖13-17,伊拉克共和國國旗
（1959年～1963年）,中央是庫
德族的黃色太陽。

▲圖13-18,伊拉克國旗（1963年～
1991年）。不可行的聯盟,旗幟仍
維持了30年。

▲圖13-19,伊拉克國旗（1991
年～2004年）,由海珊親自手寫塔
克比爾。

▲圖13-20,伊拉克國旗（2004年～
2008年）,改為標準印刷體。

▲圖13-21,現代的伊拉克國旗
（2008年後）。

▲圖 13-22，美國占領期間提議的國旗（2004 年）。因太前衛了，伊拉克人拒絕採用。

▲圖 13-23，阿拉伯聯合大公國國旗（1971 年後）。

▲圖 13-24，阿曼國旗（1995 年後）。

▲圖 13-25，馬斯喀特和阿曼蘇丹國旗幟（1970 年前，除了 1868 年～1871 年外）。又見純紅旗！

阿拉伯聯合大公國：垂直的紅色條紋

另一面變化自阿拉伯革命旗幟的國旗屬於阿拉伯聯合大公國（縮寫為 UAE）。不過在這面旗幟的左側，沒有梯形或三角形，而是垂直的條紋（見圖 13-23）。

阿拉伯聯合大公國是由 7 個酋長國所組成的聯邦。巴林和卡達都曾經加入此聯邦的前身，但後來各自獨立。阿拉伯聯合大公國的國旗

源自阿拉伯報紙所宣傳的設計競賽，獲勝者是 19 歲的阿卜杜拉‧莫罕默德‧艾爾‧麥因納（Abdullah Mohammed Al Maainah），他後來成為國家派駐智利的大使。他在回憶錄中寫道，直到國旗在阿布達比的穆施利夫宮殿（Mushrif Palace）升起時，他才知道自己的設計得獎了。當天沒有風，所以艾爾‧麥因納得等到一陣微風，才能確定國旗真的是自己所設計。

在獨立之前，阿拉伯聯合大公國外部受到英國的控制，被稱為特魯西爾阿曼（Trucial Oman，又譯為「停戰諸國」或「停戰阿曼」）。這個稱呼或許讓人困惑，因為現代的阿曼是個不同的國家，就在阿拉伯聯合大公國隔壁。

阿曼：一把匕首＋兩把彎刀

幾個世紀以前，阿曼是個相當大的國家，領土從坦尚尼亞一路到巴基斯坦，但如今面積相對較小，人口僅有 500 萬人。阿曼的國徽就在國旗左上角——1 把阿曼匕首（khanjar），以及 2 把交疊的阿拉伯彎刀（見上頁圖 13-24）。

葉門：相對不複雜的國旗

往西南方走，與阿曼接壤的葉門有著這個地區最不複雜的國旗：

紅色、白色、黑色的條紋（見下頁圖 13-26），就像德意志帝國的國旗。阿拉伯文裡的葉門來自「yaman」，字面上的意思是「正確的一方」，因此被視為吉利或快樂。如今，我們可以用許多形容詞來描述葉門，但絕對不包含「快樂」。第一次世界大戰後，北葉門首先脫離鄂圖曼土耳其帝國獨立，而將近 40 年後，英國也賦予南葉門獨立。南北葉門之間展開激烈的衝突，終於在 1990 年統一為葉門共和國。不幸的是，這並未帶來更多幸福，葉門至今仍經歷著殘酷的內戰。

蘇丹：泛阿拉伯色彩 VS 泛非洲色彩

另一個擁有泛阿拉伯色彩國旗的國家是蘇丹。蘇丹在 1956 年前，都受到埃及和英國的共同統治。獲得獨立後，蘇丹人選擇了藍－黃－綠的三色國旗（見下頁圖 13-27），恰好是把加彭的國旗顛倒過來。

蘇丹的國界是在殖民時代所劃定，並未考慮到當地的種族和宗教分布。這就是為何蘇丹的第一版國旗選擇了這 3 種在當地罕見的顏色──這三色在政治上最為中立。然而，不幸的是，國旗沒有帶來幫助。蘇丹的歷史幾乎都在內戰中度過，最後於 2011 年南蘇丹建國後才終結。還記得嗎？南蘇丹的國旗是泛非洲色彩，而蘇丹的則是泛阿拉伯色彩。蘇丹和南蘇丹國旗的顏色，清楚顯示了為何這個地區長久以來都得不到和平（見下頁圖 13-28、13-29）。

▲圖 13-26，葉門國旗（1990 年後）。

▲圖 13-27，蘇丹國旗（1956 年～
1970 年），顛倒的加彭國旗。

▲圖 13-28，現代的蘇丹國旗（1970
年後），泛阿拉伯色彩。

▲圖 13-29，南蘇丹國旗（2005 年
後），泛非洲色彩。

▲圖 13-30，現代的科威特國旗
（1961 年後）。

▲圖 13-31，科威特國旗（1871 年～
1914 年），也是鄂圖曼國旗。

▲圖 13-32，科威特國旗（1914 年～
1961 年）。

▲圖 13-33，科威特國旗（阿蘇萊米
旗）（1746 年～ 1871 年）。

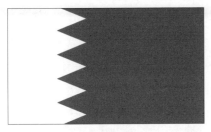

▲圖 13-34，巴林國旗（2002 年後）。

▲圖 13-35，卡達國旗（1971 年後）。

科威特：黑金梯形

　　科威特的國旗也是泛阿拉伯色彩，上方有個和伊拉克一樣的梯形，不過是黑色的（見上頁圖 13-30）。官方對這些顏色的詮釋引用了十四世紀阿拉伯詩人的詩句：「我們的行事潔白，我們的戰役黑暗，我們的土地翠綠，我們的寶劍鮮紅。」然而，有鑑於科威特擁有世界數一數二的「黑金」蘊藏量，梯形或許也能代表科威特的油田。假如你用點想像力，甚至可以看到一間立體的房間，左手邊是黑色的牆壁。

　　科威特最早是建立於波斯灣重要交通樞紐的要塞（事實上，科威特這個字的意思就是「堡壘」）。和其他阿拉伯國家一樣，科威特也參與了阿拉伯起義。1914 年，科威特部隊習慣性的使用鄂圖曼的國旗（見上頁圖 13-31），卻因此被英軍誤擊。這起事件促使科威特採用新的國旗，在紅色背景寫上「科威特」字樣（見上頁圖 13-32）。

巴林、卡達：白色鋸齒

　　早在鄂圖曼土耳其的幾個世紀以前，科威特使用的是稱為「阿蘇萊米旗」（Al-Sulaimi）的旗幟（見上頁圖 13-33）。之所以有意思，是因為這面旗幟成為該地區兩個較小國家的國旗藍本：巴林和卡達。

　　和科威特的阿蘇萊米旗之所以如此相似，是因為許久以前，他們都被相同的王朝所統治。這些旗幟的一大特徵，是白色和紅色部分間的鋸齒狀交界。此外，這 3 個國家在十九世紀都有全紅色的長方形國

旗！這代表在當時，世界上有 6 個國家有相同的國旗：法國（巴黎公社時期）、泰國、摩洛哥、阿曼、卡達和巴林。很神奇，不是嗎？巴林和卡達都在 1971 年從英國獨立，此後靠著石油的收入過著優渥的生活。卡達的國內生產毛額更是全球遙遙領先。

巴林的國旗上有一條很寬的鋸齒狀白色條紋，一共有 5 個鋸齒（見第 265 頁圖 13-34），象徵著伊斯蘭的五大基石（我們已經在摩洛哥國旗上的五芒星看到這 5 個基石）。卡達的國旗則有 9 個白色鋸齒（見第 265 頁圖 13-35），這是為了提醒人們，卡達本來可能成為特魯西爾阿曼的第 9 個成員國，而後則加入阿拉伯聯合大公國。卡達不曾加入這個聯邦，但 9 個鋸齒仍保留在國旗上。

卡達的國旗有兩個有趣的特色。首先，這是世界上唯一長度遠超過高度兩倍以上的國旗（邊長比是 11：28）。第二，國旗是不曾在其他國旗上出現過的栗紅色。這個顏色的起源很有意思。卡達曾經是歷史上某種紫紅色染料的主要生產地，該染料的原料是貝殼。這些顏色用在卡達的第一面國旗上也合情合理。一段時間後，沙漠的氣候讓國旗褪色，紫紅色就成了栗紅色。於是，卡達人決定不和大自然抗爭，讓栗紅色成為官方的顏色。

黎巴嫩：國旗上種著雪松

該地區另一個國旗不使用泛阿拉伯色彩的國家是黎巴嫩。黎巴嫩曾經是個富庶繁榮的國家，又被稱為中東地區的瑞士，但在 1975 年爆

▲圖 13-36，黎巴嫩國旗（1943 年後）。

發了基督徒和穆斯林的內戰。

黎巴嫩的國旗有兩條水平的紅色條紋，中間則是白色條紋（這稱為西班牙腰帶）。而在白色條紋上畫著黎巴嫩的雪松（見圖 13-36）。這種樹木是黎巴嫩的象徵，在《聖經》裡總共被提及 72 次。

沙烏地阿拉伯：縫上神聖經文

中東地區面積最大的國家是沙烏地阿拉伯，其國旗上也沒有泛阿拉伯色彩。這是因為沙烏地人對抗胡笙家族（阿拉伯起義革命的領導者）[3]。沙烏地阿拉伯是世界上僅 3 個用統治王朝（沙烏地王朝）命名

3　編註：如第 251 頁註 1 所述，當時沙烏地人與哈希姆王朝分屬不同派系，故在阿拉伯起義時為對立陣營。沙烏地阿拉伯王國於 1932 年由伊本・沙烏地（Ibn Saud）建立，其立志統一阿拉伯半島。

▲圖 13-37，沙烏地阿拉伯國旗
（1973 年後），國旗上的字樣是伊
斯蘭的信條。

▲圖13-38，阿富汗伊斯蘭大公國
國旗（2021年），在塔利班奪權
後使用。

▲圖 13-39，阿富汗國旗（1880 年～
1901 年）。

▲圖13-40，阿富汗國旗（1901
年～1919年），加上了白色的小麥
和清真寺。

▲圖 13-41，阿富汗國旗（1928 年），
受到德國三色旗影響。

▲圖 13-42，阿富汗國旗（2002 年～
2021 年，其中在 2004 年和 2013 年
針對圖樣微調）。

的國家之一，另外 2 個是約旦（約旦哈希米王國）和列支敦士登。

國旗上的字樣（見上頁圖 13-37）是伊斯蘭的信條，又稱為「清真言」（shahada）：「萬物非主，唯有真主，穆罕默德是真主的使者。」在這段穆斯林的神聖經文下方是一把軍刀，似乎暗示著質疑此箴言者的命運。

沙烏地人在國旗上放上神聖的經文，其實造成了許多實務上的問題。首先，法律嚴格規定了縫製的方式，即便反面的文字也必須從右到左閱讀。第二，沙烏地的國旗永遠不得不當使用。舉例來說，在 2020 年的世界盃足球賽，主辦單位規畫設計一顆包含所有參賽國旗幟的足球（也包含沙烏地阿拉伯）。沙烏地人對此提出抗議，認為不該用腳踢神聖的經文。

或許這本書上印了沙烏地阿拉伯的國旗，代表你也得負起一些責任。最好尊敬的對待這本書啊！

阿富汗：革命改變國旗

在沙烏地阿拉伯後，下一個該看的國家就是阿富汗了，因為阿富汗的國旗上也有清真言。這面國旗是塔利班在 2021 年奪權後所採用的（見上頁圖 13-38）。

阿富汗的歷史動盪，充滿了軍事和宮廷政變，光是從二十世紀開始算起，就換過大約 19 面國旗──比同時期的任何國家都還要多。二十世紀之初，阿富汗的國旗很不尋常，只是一塊黑色布料（見上頁

圖 13-39）。接著，布料上加了白色的清真寺和小麥，但國旗底色還是黑色（見第 269 頁圖 13-40）。

1928 年，阿富汗國王到歐洲旅行。他看到德國的三色旗，認為這很適合他的國家，所以在國旗上加了綠色和紅色（見第 269 頁圖 13-41）。**新國旗的黑色象徵著過去的黑暗時代，綠色是未來，紅色則是阿富汗人爭取獨立時所流的鮮血。**1 個月後，國王又把水平條紋換成垂直的。

和大多數的國家一樣，革命會帶來國旗的改變。如今，我們可以在世界上找到 2 種版本的阿富汗國旗：白底加上黑色清真言的塔利班國旗，以及黑－紅－綠三色旗（見第 269 頁圖 13-42）。後者為不承認喀布爾新政府的阿富汗人，以及部分參與國際賽事的阿富汗運動員所使用。

14 彎月，最多伊斯蘭 國家使用

對基督徒來說，最主要的符號是十字架；而伊斯蘭 教在國旗上的象徵可能是綠色、數字 5 和 7、阿拉 伯文的塔克比爾或清真言。不過，最常見的是彎月。

在世界上 195 個國家中，大約有三分之一的國旗上都包含宗教符 號。雖然最普遍的是基督教象徵（共 31 面國旗），但伊斯蘭（22 面 國旗）的符號更為豐富。對基督徒來說，一切都很簡單：最主要的符 號是十字架，也幾乎是唯一的符號。穆斯林的選擇比較多：伊斯蘭教 在國旗上的象徵可能是綠色、數字 5 和 7、阿拉伯文的塔克比爾或清真 言。不過，最常見的當然還是彎月。有個和國旗有關的笑話是這樣的： 很多國家的國旗上都有月亮，但月亮上只有極少數國家的國旗。

▲圖 14-1，土耳其國旗（1844 年後）。

土耳其：沿用鄂圖曼旗幟

我們從鄂圖曼帝國的國旗（也是土耳其的國旗）開始吧，因為多虧了鄂圖曼人，伊斯蘭的彎月才成為主流。這很合理，畢竟大部分現代穆斯林國家，都曾經以某種形式屬於這個偉大的帝國。

據信，彎月之所以會成為鄂圖曼的象徵，是出自一場夢境。鄂圖曼一世統治了即將成為鄂圖曼帝國的國家，甚至將國家以自己的名字來命名。在夢境中，他看見月亮沉入他的胸口，從他的肚臍長出一棵樹，而樹蔭遮蓋了全世界。這個夢比佛洛伊德早了 600 年，但還是有一位智者解析了鄂圖曼一世的夢：鄂圖曼人必須征服全世界。

另一個比較無趣的解釋是，鄂圖曼人從基督教的拜占庭人的硬幣上借用了彎月的形象，而拜占庭的彎月很可能來自異教徒的信仰。

第一次世界大戰戰敗後，鄂圖曼帝國瓦解，由土耳其取而代之。土耳其人繼續使用鄂圖曼的旗幟，此後都不曾更改（見上頁圖 14-1）。但在其他方面，他們一點也不介意改變傳統。**穆斯塔法・凱末爾・阿塔圖克（Mustafa Kemal Atatürk）**[1] 在 1920 年代執政，推動了一系列的西化改革。他為土耳其成功的市場經濟奠定基礎，打造出世俗的親西方國家。

凱末爾最有名的是他高雅時髦的服裝。他在 1923 年發布關於服裝

1　編註：近代土耳其國父。其姓氏由土耳其國會授予，在土耳其語「Ata」就是父親，「Atatürk」（阿塔圖克）就是「土耳其人之父」之意。中文學術界在論述時習慣上仍簡稱為凱末爾。

的政令，土耳其女性此後不再被迫戴頭巾，並且在同一份政令中，他命令妓女穿戴面紗。這達到了預期中的成效，面紗立刻就不再盛行。與此同時，為了強化政令的地位，凱末爾政府處決了一位拒絕接受新時尚的女性。

亞塞拜然：彎月＋八芒星

2021 年，我造訪亞塞拜然的首都巴庫。亞塞拜然當時正在慶祝與亞美尼亞的納戈爾諾－卡拉巴赫（Nagorno-Karabakh）爭奪戰[2]的勝利。亞塞拜然國旗和土耳其的國旗懸掛在城市的每個角落——土耳其是他們最大的軍事同盟。兩面國旗十分相似，背後有其歷史根源。

和土耳其國旗一樣，亞塞拜然國旗的中央是一枚彎月和一顆星（見下頁圖 14-2）。但和土耳其不同的是，亞塞拜然的星是八芒星而非五芒星，據說象徵了 8 個傳統的突厥民族，或是阿拉伯字母中「亞塞拜然」這 8 個字母。

在 1918 年加入蘇維埃聯盟前，亞塞拜然的國旗（見下頁圖 14-3）幾乎無法和鄂圖曼國旗區分，但後來多加上兩道條紋：藍色（象徵突厥人）和綠色（象徵伊斯蘭）。

2　編註：位於西亞北部，是主權爭端地區，聯合國及大部分國家將其視為亞塞拜然的一部分。2020 年亞塞拜然和亞美尼亞在該區發生衝突，並於 11 月 10 日，亞美尼亞、亞塞拜然、俄羅斯達成停火協議，並且亞美尼亞需將土地交還亞塞拜然。

▲圖 14-2，現代的亞塞拜然國旗（2017 年後）。

▲圖 14-3，亞塞拜然民主共和國國旗（1918 年 5 月到 11 月），和鄂圖曼極為相像。

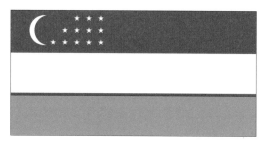

▲圖 14-4，烏茲別克國旗（1991 年後），12 顆星代表著 12 星座。

烏茲別克：擁有 12 星座

亞塞拜然國旗的顏色和象徵意涵，都與鄰國烏茲別克極為相似。烏茲別克的國旗上同樣有彎月和 3 道條紋：土耳其藍、白色條紋和伊斯蘭綠（見圖 14-4）。

在烏茲別克的彎月旁有 12 顆星，代表著 12 星座，提醒著人們天文學是在中世紀的烏茲別克這片土地上發展。我們前面已經在厄瓜多的國旗上看過星座的符號了。

阿爾及利亞：雙色旗＋彎月＋五芒星

阿爾及利亞在十六到十九世紀間都是鄂圖曼土耳其帝國的領土，雙色旗中央也有彎月和一顆星（見圖 14-5）。

1830 年，阿爾及利亞遭到法國入侵。事件的導火線是阿爾及利亞統治者對法國政府積欠阿爾及利亞小麥供給者的債務感到不滿，所以用趕蒼蠅的拂塵打了法國領事 3 下（也可能是用扇子，看你讀到的是哪一個版本）。在法國侵略後，阿爾及利亞到 1962 年前都是法國殖民地，中間只短暫遭納粹德國占領。

令人意外的是，公認在 1934 年設計第一版阿爾及利亞國旗的人，其實是法國人。她的名字是埃米莉·布斯奎特（Émilie Busquant），是女性主義和無政府主義者，堅定反對法國殖民，嫁給阿爾及利亞民族主義的領導人。

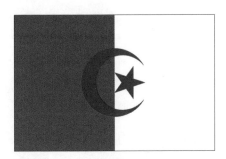

▲圖 14-5，阿爾及利亞國旗（1962 年後）。

▲圖 14-6，突尼西亞國旗（1835 年後），從天文學角度來看，就像是日蝕的場景。

突尼西亞：像日蝕的場景

　　阿爾及利亞的隔壁是突尼西亞，有著相似的歷史：數個世紀的鄂圖曼統治後，接著是法國殖民。法國在占領阿爾及利亞的半個世紀後接掌突尼西亞，但不是透過征服，而是簽訂協約讓突尼西亞成為法國的保護國。這麼看起來，突尼西亞外交官的脾氣管理比較好，不會亂揮拂塵。

　　突尼西亞國旗最初的版本早在 1835 年就採用。很顯然，這個設計受到鄂圖曼國旗的影響（不過紅色很可能象徵的是突尼西亞人對抗鄂圖曼人所流的鮮血）。兩國國旗主要的差異是白色碟形的太陽，中間是紅色彎月和星星（見上頁圖 14-6）。你或許可以說，從天文學的角度來看，突尼西亞國旗描繪的是日蝕的場景。

茅利塔尼亞：朝上的彎月

　　阿爾及利亞的西南方有另一個前法國殖民地——茅利塔尼亞。獨立之後，這個國家同樣也在國旗放上伊斯蘭彎月和一顆星。但和鄰國不同，茅利塔尼亞的彎月是月彎朝上，而不是直立的。這樣的設計本來讓我覺得很奇怪，直到我前往某個熱帶國家度假，才驚訝的發覺在這個緯度時，天上的彎月的確看起來如此。

　　直到前幾年，茅利塔尼亞和牙買加的國旗是世界上唯二沒有紅、藍或白色的國旗（見第 280 頁圖 14-7）。但在 2017 年，茅利塔尼亞

的總統穆罕默德・烏爾德・阿卜杜勒－阿齊茲（Mohamed Ould Abdel-Aziz）舉行公投，廢除參議院，同時在國旗頂部和底部加上紅色條紋——當然是象徵了鮮血和抗戰（見下頁圖 14-8）。茅利塔尼亞的反對黨表達不滿，認為公投真正的目的是總統希望第三度連任（我很好奇他們知不知道第 1 章所提到，杜瓦利埃在海地玩的把戲）。公投很成功，因此國旗改變了，但阿卜杜勒－阿齊茲在 2019 年並未參與競選。

當茅利塔尼亞改變國旗（一般來說，國旗不會如此頻繁的改變），我很好奇蘋果、谷歌、Whatsapp 和其他平臺，會用多快的速度更新表情符號圖庫中的國旗。大部分的平臺都需要 2 到 4 年才能更新國旗的圖案！好吧，我們旗幟愛好者覺得這樣的延遲是無法接受的。

葛摩聯盟：彎月角度各種嘗試

假如你從茅利塔尼亞向南前進，到達另一側的非洲，會發現自己來到一個小型的島國：葛摩聯盟。「葛摩」這個名字來自阿拉伯文的「月亮」，因此這個群島的別稱是「月亮諸島」。而國旗上會出現彎月，也不那麼意外了。

葛摩聯盟的政治歷史動盪不安。1975 年，從法國獨立的 1 個月後，葛摩聯盟就發生第一次軍事政變。社會主義奪權，紅色成為接下來兩年國旗上主要的顏色（見第 281 頁圖 14-10）。然而，共產黨和國旗上的紅色都沒有持續太久，綠色再次回到國旗上。

接下來主要的改變是彎月的位置，最初是對角線，然後上下顛倒，

▲圖14-7，先前沒有紅、藍或白的茅利塔尼亞國旗（1959年～2017年）。

▲圖14-8，現代的茅利塔尼亞國旗（2017年後）。

接著是面對上方，最後才是面對側邊（見圖14-11 ～ 14-13）。最終，葛摩聯盟在2001年通過新的憲法和嶄新的國旗設計，有著清新醒目的色彩。

　　國旗上唯一沒有改變的是彎月和4顆星，象徵著4座主要的島嶼。其中一座島嶼是馬約特島（Mayotte）。雖然葛摩的領導階層持續抗議，但馬約特島仍在法國的掌控下。我們在吐瓦魯也看到這種國旗上星星數量和島嶼數量不對等的情況（只不過理由不同）。

馬爾地夫：沒有星星陪伴的彎月

　　世界上還有另一個伊斯蘭島國的國旗上有綠色背景和白色彎月：馬爾地夫共和國（見第284頁圖14-15）。馬爾地夫在1965年從英國獨立，而後就不曾變更過國旗——顯然是穩定政局的象徵。

▲圖 14-9，葛摩聯盟國旗（1963 年～
1975 年）。

▲圖14-10，社會主義奪權，紅色成
為主色（1975年～1978年）。

▲圖14-11，嘗試……
（1978年～1992年）。

▲圖14-12，（1992年～1996年）。

▲圖14-13，……新角度！
（1996年～2001年）。

▲圖 14-14，現代的葛摩聯盟國旗
（2001 年後）。確立了彎月方向和
清新色彩。

汶萊：最與眾不同

假如你想找一面不可能和其他國家搞混的國旗，那肯定就是汶萊了。這個小型伊斯蘭國家在 1984 年獨立──比同區域的其他英國殖民地都晚了許多。由於英國於 1928 年在此處發現石油油源，才讓此處的獨立硬是延遲許久。

最初，英國計畫讓汶萊加入馬來西亞。直到 1930 年代，汶萊都很貧窮。蘇丹的宮殿百廢待興，而蘇丹本人也穿著破爛的衣物。不過，石油的發現當然改變了一切。汶萊蘇丹成為世界上數一數二的有錢人。比如，他擁有超過 600 輛勞斯萊斯、450 輛法拉利和 380 輛賓利。此外，和赤道幾內亞不同，石油的收入的確有一部分進入一般人民的口袋：平均每個汶萊家庭都有 3 輛車。

在大部分的歷史中，汶萊和現今一樣都是蘇丹國，以伊斯蘭教為國教。黃色傳統上是蘇丹權力的象徵。在英國到來之前，汶萊的國旗是純黃色的（見第 284 頁圖 14-16）。接著接上白色與黑色的對角線，象徵蘇丹的 2 位主要首長。白色象徵首席部長，他較高的位階就展現在白色線條的寬度比第二部長的黑色線條更寬了 12%（見第 284 頁圖 14-17）。

1959 年，國徽被加入汶萊國旗的中心（見第 284 頁圖 14-18）。國徽中央是月彎朝上的彎月，頂部則是象徵王室的傘蓋。彎月上有兩段文字，分別是「永遠服侍於真主的指引」和「汶萊是和平之國」。兩側的一雙手代表的是政府對人民福祉的關照。

尼泊爾：兩面三角旗組成

還有些國家國旗上的彎月並不象徵伊斯蘭，前面已經提過 2 個了：帛琉和克羅埃西亞。來談談第 3 個吧：尼泊爾。

尼泊爾位於喜馬拉雅山區，其獨特性也反映在國旗上。從最明顯的地方開始：**尼泊爾國旗是世界上唯一非長方形的國旗**（瑞士和梵蒂岡的國旗是正方形的，但正方形也是長方形的一種）。**這面特殊的國旗由 2 個三角旗組成，分別象徵珠穆朗瑪峰的南峰和北峰**（見下頁圖 14-19）。上方的三角旗有一枚彎月，下方則是一輪太陽（在突尼西亞的國旗上也同樣有月亮和太陽）。尼泊爾人用這些星體來象徵國家的永恆，希望國祚能與太陽和月亮同壽（提到時間，尼泊爾的時區很特別，是格林威治標準時間再加上 5 小時 45 分鐘）。

直到 1962 年，國旗上的太陽和月亮上都有人臉，看起來就像是卡通裡的鬼魂（見下頁圖 14-20）。從歷史的觀點來看，**它們象徵尼泊爾相對抗的兩個王朝──沙赫（Shahs）的王室家族和歷來擔任首相的拉納家族**。

尼泊爾的國旗也悲傷的反映了 2001 年發生的莎士比亞式悲劇。在加德滿都皇宮的聚會中，王子開槍射殺 9 位家庭成員，包含了國王與皇后，並射傷其他 4 人。接著，王子舉槍自盡，在 3 天後身亡（於此期間，他都是尼泊爾國王）。

關於他的動機，有各式各樣的理論，其中一種說法是他的家庭反對他和某位拉納家族的女性成婚。

屠殺過後，遇害國王的弟弟繼承王位。他和他的兒子都很不受歡

▲圖 14-15，馬爾地夫國旗（1965 年後），獨立後不曾變更過。

▲圖 14-16，汶萊國旗（1368 年～1906 年），黃色象徵蘇丹權力。

▲圖14-17，汶萊保護國旗幟（1906年～1959年），兩條對角線象徵兩位主要首長，白色代表首席部長，黑色代表第二部長。

▲圖 14-18，現代的汶萊國旗（1959年後），加入了國徽。

▲圖 14-19，現代的尼泊爾國旗（1962 年後）。

▲圖14-20，尼泊爾國旗（1930年～1962年），在國旗上出現看似卡通裡的鬼魂。

迎，陰謀論者認為他才是槍擊案的幕後黑手。尼泊爾全國都爆發示威抗議，最終導致君主制度的廢除，在 2007 年轉型為民主共和國。

　　好啦，我們已經對月亮有些理解了，現在就來看看另一個時常出現在國旗上的天體——太陽吧。

15 太陽的足跡

國家之所以需要國旗，是為了在國際舞臺上辨識身分。但在大部分的歷史中，日本都試圖置身於世界之外，所以並不真正需要一面國旗。

第二次世界大戰期間，日本的統治者鼓舞軍心，洗腦他們日本比其他國家更優越。其中一項優勢是日本國旗「日の丸」（其正式名稱是「日章旗」），據說讓其他國旗都黯然失色。

第二次世界大戰讓日本的軍國主義受到制裁。然而，日章旗的美麗和簡潔的確脫穎而出。

日本：旭日東升之地

日本的國旗在旗幟學上有個矛盾之處。一方面，它可能是世界最古老的國旗。日本太陽旗第一次的歷史記載是在 1184 年，不過在更早之前就有口傳的歷史──甚至可以追溯到西元 645 年。另一方面，太陽旗（見下頁圖 15-1）要到 1999 年才被政府正式採用。讓我們更深入探索歷史，來考究其背後的原因吧。

▲圖 15-1，現代的日本國旗（1999年後）──日章旗。

▲圖15-2，日本帝國陸軍旗幟（1870年～1945）──旭日旗。

▲ 圖 15-3，1889 年 至 1945 年 間，以及 1954 年後的日本海軍旗。

一個國家之所以需要國旗，是為了在國際的舞臺上辨識身分。但在大部分的歷史中，日本都試圖置身於世界之外，所以並不真正需要一面國旗。一切都在十九世紀末期改變，日本先後在對抗中國和俄羅斯的戰爭中獲勝，震驚了全世界。從那之後，太陽旗在日本就有了崇高的地位。

日章旗在第二次世界大戰期間成為日本國旗，直到美軍丟下 2 顆原子彈，讓日本投降。接著，日章旗就銷聲匿跡，因為美國人在占領期間，對日章旗的使用訂下嚴格的規矩。即便日本重新得到國家主權，

廢除了禁令，日章旗還是鮮少使用——日章旗會讓人們想起國家可恥的軍國主義過去。

在德國也有相似的狀況。第二次世界大戰後，德國人幾乎不習慣掛出國旗或用任何方式表現他們的愛國主義。不過，不同之處在於德國人戰後把國旗換回以前的版本。相對的，日本人對此主題稍微研議後，就決定不改變日章旗。他們認為，和德國的國旗不同，他們的國旗早在戰前就已經使用多時。

事實上，日本在第二次世界大戰期間也不常使用日章旗，而是偏好旭日旗——紅色的碟形太陽上放射出紅色光芒（見圖 15-2）。雖然這面旗幟原本象徵著吉祥，卻在 1870 年成為日本的軍旗，為陸軍及海軍所使用，因此也代表了日本的軍國主義。旭日旗（僅微調後）也是現代日本海軍的旗幟（見圖 15-3）。然而，當日本體育競賽的支持者舉起這面旗幟時，就會造成鄰近國家中國和南韓的憤怒。

1999 年，日本通過《國旗及國歌相關法律》，具體規定日章旗為其國旗。法案的起因是一位校長的自殺：他的老師和董事會對於上學日是否該以升旗典禮及唱國歌開始沒有共識[1]。然而，國旗持續成為日本社會的痛處，即便日章旗有了官方地位，日本媒體還是不時出現老師拒絕遵守國旗法而遭到罰款，甚至是開除的相關報導。

和許多國家不同，日本並未禁止焚燒日本國旗，但法律卻禁止焚燒其他國家的國旗。我們在丹麥也看過這類不尋常的法律。

1　編註：當時，日本部分國民認為太陽旗及國歌會讓人聯想起戰爭時期軍國主義肆虐的歷史，因此拒絕演奏、合唱國歌。

有趣的是，日本國旗是我們智慧型手機的表情符號中，唯一出現 2 次的。這是世界向日本致意，感謝日本發明了表情符號。

日本時常被稱為「旭日東升之地」（這是當然的，畢竟日本群島位於太平洋，在亞洲大陸的東岸以東）。日章旗上呈現的就是旭日的形象。起初，國旗上紅色的太陽稍微偏左（1%），但在 1999 年移到正中央──這或許會讓圖案同樣不在正中央的孟加拉和帛琉有點嫉妒。

談到帛琉，這個國家和日本共通的不只有國旗的設計，還有一部分的歷史。在第一次世界大戰到第二次世界大戰期間，帛琉都受到日本統治。不過，**即便日本和帛琉國旗相似，關鍵的差異是日本國旗上的是太陽，而帛琉的則是月亮。**

菲律賓：元素眾多卻對稱

另一個在第二次世界大戰受日本占領的國家是菲律賓，並且國旗上也有太陽。

菲律賓在 1898 年從西班牙獨立，在宣布獨立的時候，就迅速展示了全新的國旗（見第 292 頁圖 15-4）。國旗上的象徵符號太多，夠分給十多個國家使用了。

白色的三角形裡有 1 顆八道光芒的太陽，象徵著起身對抗西班牙統治的 8 個省分。國旗上的 3 顆星星代表 3 大群島，而白色三角形代表自由、平等和友愛。

這面國旗的長度剛好是寬度的兩倍，上面也有許多幾何特色。白

色的三角形是正三角形：每個邊的邊長都相等，而且是國旗長度的二分之一。

太陽的 8 道光線中，其實每道都包含一道主要光線和兩側的次要光線。次要光線的夾角是主要光線夾角的一半，主要光線的寬度則是次要光線的兩倍。雖然國旗上元素眾多，卻沿著中央的水平線對稱。

順道一提，我總覺得健美體操裡「人體國旗」的動作——也就是體操選手抓握著垂直的桿子，然後將身體水平伸展——來自國旗的這種設計。

不過，菲律賓國旗最神奇的特色，在於從其他國家借用了許多紋章學概念。首先，國旗的架構受到古巴國旗所啟發；再者在 1898 年版本的菲律賓國旗上，太陽是有臉孔的——就像是拉布拉他旗幟上的太陽，後演變成阿根廷的國旗。二戰後，菲律賓人感念美國在抗日戰爭的協助，將國旗上的藍色換成美國國旗的藍色（見下頁圖 15-5）。

菲律賓國旗的藍色本身也有著刺激的故事。在二十世紀中，這個顏色換了 4 次，比希臘國旗的藍色更多次。深藍的色調持續到 1985 年，斐迪南・馬可仕（Ferdinand Marcos）總統才換成像古巴國旗的淡天空藍（見下頁圖 15-6）。

馬可仕在位超過 20 年。他在 1965 年獲選總統，掌權之後就以極快的速度累積了極大量的財富。據估計，他擔任總統期間貪汙的錢介於 50 億到 130 億美元之間（菲律賓成立委員會調查並追討馬可仕家族的財富，至今回收大約 50 億美元）。某種程度來說，馬可仕的貪婪不難理解：他必須供養他以奢華出名的妻子——據說，她擁有超過 3,000 雙鞋子，有 800 雙目前在菲律賓的鞋子博物館裡展出。

▲圖15-4，獨立後的菲律賓國旗（1898年～1901年），太陽是有臉孔的。

▲圖15-5，換成美國國旗藍（1946年～1985年），為感念美國在抗日戰爭的協助。

▲圖15-6，馬可仕總統將藍改成淺藍色（1985年～1986年）。

▲圖15-7，現代的菲律賓國旗（1998年後）。最終以顏色比較淺的皇家藍定案。

1986 年，馬可仕改變菲律賓國旗上藍色後 1 年，他的徇私舞弊、偽造文書、貪婪和對人權的迫害終於遭到報應，他在臨時選舉後失勢。總統夫婦倉促的潛逃到美國。美國一位檢查他們行李的海關人員提到，他們可能帶走了菲律賓一半的預算。在行李中有 24 塊金條（上面刻著感人的：「獻給我的丈夫，結婚 24 週年紀念」）和 1,500 萬美元現金。

馬可仕的繼位者把國旗又換回深藍，恢復了馬可仕 1 年前的改變。不過，這也沒能維持太久。1998 年，藍色條紋再次改變，從深海軍藍換成比較淺的皇家藍（見圖 15-7）。

菲律賓的國旗還有另一項特色。**假如藍色的部分在紅色上方，代表國家處於和平狀態。假如紅色在藍色上方——也就是把國旗上下顛**

倒，就代表國家陷入戰火中。

　　然而，國旗的對稱性不斷受到威脅。舉例來說，曾經有人要求在太陽加入第 9 道光芒（其中一個理由是要代表參與對抗西班牙的第 9 個省分）。也有人要求加入第 4 顆星。此外，菲律賓的總統在 1995 年提出在太陽旁加入 1 枚彎月，代表國內的穆斯林族群。

伊朗：隨歷史不斷演變

　　伊朗是另一個國旗上有太陽足跡的國家。從十五世紀開始，伊朗

▲圖15-8，伊朗國旗（1852年～1906年）。

▲圖 15-9，伊朗國旗（1906 年～1980 年）。丟了臉的太陽與拿劍的獅子。

▲圖 15-10，現代的伊朗國旗（1980 年後）。

（在 1935 年前，這個國家的名字都是波斯）的統治者都在國旗上使用獅子和太陽的徽章（見上頁圖 15-8）──不過徽章本身作為權力和皇室的象徵，可以追溯到十二世紀。有趣的是，雖然彎月也出現在波斯的紋章中，不過由於鄂圖曼帝國已經使用了彎月，波斯人決定選擇太陽。另一個選擇太陽而非月亮的理由，則是波斯傳統上使用奧瑪・海亞姆（Omar Khayyam）所編纂的陽曆，而阿拉伯國家則是使用陰曆。

波斯的國旗在歷史中不斷演變。某段時期，獅子的右前爪出現一把劍，而太陽「丟了臉」（就像是菲律賓和尼泊爾國旗上太陽的變化，見上頁圖 15-9）。

1979 年，阿亞圖拉・柯梅尼（Ayatollah Khomeini）發起伊斯蘭革命，推翻沙王（shah，波斯國王的稱號）。順道一提，因為這場革命，梅賽德斯－賓士損失了第一筆越野車型 G-wagen 的重要訂單。伊朗的沙王為伊朗軍隊下訂了 20 萬輛車，卻在車子送達之前就被推翻，也沒有錢能支付。

柯梅尼的前幾個決策，包含變更國旗。他保留了水平條紋，但在綠色和紅色條紋上加了 22 個「塔克比爾」（「真主至大」），22 代表著革命的日期：伊朗曆第 11 個月的第 22 天（見上頁圖 15-10）。

獅子從國旗上移除，改成了新國徽。這個抽象圖案可以被視為鬱金香（據說這種花朵在伊朗是伊斯蘭教殉道者的象徵）或是「清真言」（「萬物非主，唯有真主」）。在國徽的中央是一把雙面刃──所以某種程度來說，我們可以說新國徽延續了舊的國徽上獅子掌中的劍。

塔吉克：皇冠＋ 7 顆星

在塔吉克的國旗（見下頁圖 15-11）上，我們能看到伊朗國旗的影響。塔吉克和伊朗有著共通的文化和歷史。

在國旗的中央是皇冠和 7 顆星——數字 7 在波斯神話裡象徵著完美。其中一種解釋是，7 顆星象徵了 7 位塔吉克偉大的詩人們。在塔吉克的傳說中，天堂由 7 座美麗的花園組成，周遭圍繞著 7 座山峰，每座山峰上都有一顆閃耀的星。又或者，7 顆星可能代表國家不同社會階級的團結。有點可惜……我覺得 7 個詩人的解釋比較沒那麼乏味。

雖然塔吉克是中亞最小的國家（以面積來說），其領導階級卻非常喜歡公關宣傳。舉例來說，塔吉克在 2011 年建造了全世界最高的旗杆，並升起塔吉克國旗。2015 年，塔吉克媒體再次突破，宣稱將太陽系一顆小行星命名為「塔吉克」，以紀念塔吉克科學家對天文物理學的傑出貢獻。這個故事在網路上如此盛傳，我覺得有必要在這裡提一下。

哈薩克、吉爾吉斯：太陽在中間

另外 2 個國名結尾也是「stan」的國家[2]——哈薩克和吉爾吉斯——國旗中央也有太陽。

---

2 編註：此指中亞國家烏茲別克（Uzbekistan）、塔吉克（Tajikistan）、土庫曼（Turkmenistan），以及現在所提到的哈薩克（Kazakhstan）、吉爾吉斯（Kyrgyzstan）。

▲圖 15-11，塔吉克國旗（1992 年後）。

▲圖 15-12，哈薩克國旗（1992 年後），
金雕展翅翱翔。

▲圖 15-13，哈薩克的國徽。

▲圖 15-14，吉爾吉斯國旗（1992
年後），抽象的蒙古包。

　　哈薩克國旗主要的顏色是青綠色，在太陽下方有一隻驕傲翱翔
的金雕（見圖 15-12）。而國徽也是相同的青綠色和金色（見圖 15-
13），中央是一個「shanyrak」──這是蒙古包的建築結構，呈現格子
狀的十字形。我們在鄰國吉爾吉斯的國旗上也有相同的圖樣（見圖 15-
14），只不過更抽象一些。

▲圖15-15，馬其頓社會主義共和國國旗（1946年～1992年）

▲圖15-16，馬其頓共和國旗幟，有韋爾吉納太陽（1992~1995年）。

▲圖15-17，現代的北馬其頓國旗（1995年後）。在希臘的施壓下，被迫更改。

北馬其頓：陽光灑射

　　太陽也出現在巴爾幹半島國家北馬其頓的國旗中央。歷史上的馬其頓是一個廣大的地區，領土擴及 3 個現代國家：希臘、保加利亞和塞爾維亞。從 1945 年開始，北馬其頓屬於南斯拉夫聯邦的 6 個共和國之一，稱為馬其頓社會主義共和國（見圖 15-15），直到 1991 年才獲得獨立。新國家使用「馬其頓」為國名，惹火了希臘人，因為希臘視馬其頓為其文化傳統。雅典對馬其頓實施經濟制裁，並阻撓其加入北大西洋公約組織（NATO）。

在找到解法之前，這個國家被稱為前南斯拉夫馬其頓共和國（縮寫為 FYROM）。最終，兩國在 2018 年達成協議，而在 2019 年正式更名為北馬其頓。

同樣的爭議也圍繞著這個年輕國家的國旗上。1992 年，馬其頓正式採用紅色背景加上黃色韋爾吉納太陽的國旗（見上頁圖 15-16）。韋爾吉納太陽是古代馬其頓的象徵，也在希臘各地被廣泛使用，是希臘議會的象徵，出現在希臘錢幣和希臘馬其頓地區的旗幟上。這也難怪希臘人會憤怒了。在希臘的施壓下，馬其頓人被迫在 1995 年更改他們的國旗（見上頁圖 15-17）

於是，我們關於太陽的章節就總結在北馬其頓的國旗上。為了保持這種陽光的心情，現在先回去非洲吧。

16 最獨特的非洲旗

大部分的非洲國旗，都使用了泛非洲的顏色。不過，還有一些更特別的設計。

　　至此，我們已經看完了大部分的非洲國旗，其中許多都使用泛非洲的顏色。不過，還有些更特別的設計，我們要在這一章節裡探討。由於非洲多數國家獨立的時間都不到一個世紀，他們國旗的故事也十分精簡。

　　我們先從 3 個比利時的前殖民地開始：剛果民主共和國、盧安達和蒲隆地。

剛果民主共和國：國旗上竟留著比利時影響

　　剛果民主共和國（縮寫是 DRC）的歷史十分獨特。在獨立之前，他是稱為比屬剛果的殖民地。但更早之前，這些土地被視為比利時國王利奧波德二世的私人財產。奧地利皇帝法蘭茲・約瑟夫稱這位皇帝是「徹頭徹尾的壞人」──而歷史證實他的看法正確無誤。

利奧波德在十九世紀下半葉統治比利時，對殖民行動野心勃勃。不過，當時大部分有利可圖的領土都已經落入更有效率的歐洲國家手中，他該怎麼辦？一開始，比利時嘗試向西班牙購買菲律賓的權利；計畫失敗後，他們決定專注在非洲大陸上。訂定目標後，利奧波德二世創立國際非洲協會——這個標榜利他主義的組織致力於開發中非地區。這讓利奧波德二世鞏固在非洲的利益和領土，包含面積是比利時72 倍的廣闊剛果地區。

▲圖16-1，國際非洲協會（1877年～1885）、剛果自由邦（1885年～1908年）及比屬剛果（1908年～1960年）的旗幟。

▲圖16-2，剛果民主共和國國旗（2006年後）。

▲圖16-3，薩伊共和國國旗（1971年～1997年）。

這個「利他」組織的旗幟是藍色的，上方有 1 顆黃色星星。這面旗幟也成為剛果殖民地的旗幟（見圖 16-1）。

利奧波德在他的新殖民地所做的事和利他扯不上關係。在他的授意下，暴行肆虐，造成將近 1,500 萬人死亡。1904 年留下一張驚人的照片，是個剛果男性看著他 5 歲女兒被切斷的手腳。他的女兒（和妻子）被殺死的原因，僅是因為他當天未能達成規定的橡膠採集量。英國作家亞瑟‧柯南‧道爾這麼寫道：「利奧波德二世在剛果所犯下的罪，是空前絕後的。」

剛果民主共和國在 1960 年脫離比利時獨立，而他們選擇的國旗也就是我們現今所看到的（見圖 16-2）。5 年後的一場軍事政變中，蒙博托‧塞塞‧塞科（Mobutu Sese Seko）成為剛果的新統治者。他在 1971 年給了剛果新的國名：薩伊共和國，而新的國旗描繪了一隻高舉火把的手（見圖 16-3）。但在 1997 年，蒙博托遭到推翻，剛果恢復了原本的國名「剛果民主共和國」，也找回了舊的國旗。

現代剛果的國旗很顯然傳承自奧波德二世虛偽成立的國際非洲協會。剛果人選擇讓比利時的影響留在國旗上，倒是讓人有些訝異。

盧安達：非洲的新加坡

鄰國盧安達的國旗上也是藍色的背景和一個黃色的天體（太陽，見第 304 頁圖 16-4）。這個國家在 1962 年從比利時獨立，比剛果民主共和國晚了兩年。

　　盧安達的歷史中不斷重複著兩大種族的衝突——胡圖族（Hutu）與圖西族（Tutsis）。敵意在 1994 年達到高峰，盧安達的總統於空難中喪命（他的飛機因飛彈攻擊而墜毀），引起胡圖族的極端分子對圖西族發動殘暴的種族大屠殺。圖西族約有 50 萬到 100 萬人遇害，胡圖族也有傷亡。盧安達大部分的人口都參與了這場暴行。

　　40 年來，盧安達的國旗顏色是把衣索比亞的三色旗直立起來。起初只有 3 種顏色，但幾內亞已經使用了一模一樣的國旗，所以盧安達又加上了字母「R」（見第 304 頁圖 16-5），這可能代表了盧安達（Rwanda）、革命（revolution）或是公投（referendum），任君挑選。

　　2001 年，盧安達試圖擺脫過去種族滅絕的恐怖歷史，於是選擇了全新設計、全新色彩的國旗。藍色象徵快樂，綠色象徵富庶，而黃色代表經濟發展。我必須說，**在此之後盧安達的經濟發展一直很穩定，有時甚至會被稱為非洲的新加坡**。盧安達在抗貪腐的排名優異，數十年來的國內生產毛額成長也居高不下。一手促成盧安達經濟奇蹟的，是盧安達總統保羅‧卡加梅（Paul Kagame），他被視為仁慈的獨裁者。卡加梅表示，他並不接受傳統的西方民主，因為在這個少數民族幾乎被多數給殲滅的國家，這樣的民主無用武之地。

　　然而，盧安達的獨裁還是有一些比較不美好的層面。2020 年，批判卡加梅的生意人保羅‧魯塞薩巴吉納（Paul Rusesabagina）據傳在杜拜被盧安達情報單位綁架。魯塞薩巴吉納是胡圖族，在種族滅絕期間拯救了超過 1,000 位圖西族人。

　　在獨立之前，盧安達屬於羅安達烏隆迪（Ruanda–Urundi）殖民地的一部分。兩國在 1962 年正式分開獨立，成為盧安達和蒲隆地。

蒲隆地：3 顆六芒星

剛獨立的幾年間，蒲隆地是王國。蒲隆地國旗的中央一開始是卡里恩達鼓（據說有神聖的力量，見下頁圖 16-6），以及蒲隆地的主要農產品高粱。當王室被推翻，王國轉型為共和國後，代表君主的鼓也被移除，但高粱仍留在國旗上（見下頁圖 16-7）。

不過，高粱也沒能留太久。1 年後，3 顆六芒星出現在國旗上（見下頁圖 16-8），對應的是國家的三大宗旨「團結、工作、進步」──又或是象徵了圖西、胡圖和特瓦人。不幸的是，和盧安達一樣，圖西族和胡圖族無法和平共處。2 個族群爆發了激烈的內戰，同樣在 1994 年達到高峰，因為蒲隆地總統和盧安達總統在同一架飛機的空難中喪命。這是歷史上唯一一次兩個國家的元首在同一場空難中往生。

烏干達：1 隻正在往前邁進的鶴

現在，來談談曾經屬於英國殖民地的非洲國家吧。

盧安達的鄰國是烏干達。即便在獨立後發生許多次動搖國本的軍事政變，烏干達的國旗都不曾改變。國旗中央是 1 隻有冠的鶴，是英國選擇的殖民地旗幟，後來則成為烏干達的象徵（見第 305 頁圖 16-9）。這隻鳥舉起一隻腳，象徵著國家向前邁進。

然而，不幸的是，烏干達沒有太多的進步。這主要都歸咎於名叫伊迪‧阿敏（Idi Amin）的男子，也就是烏干達的第三任總統。

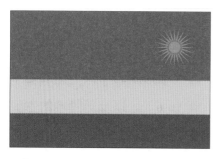

▲圖16-4，現代的盧安達國旗（2001年後）。

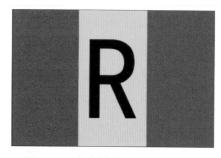

▲圖16-5，盧安達共和國國徽（1961年～2001年）。衣索比亞色彩加上字母「R」。

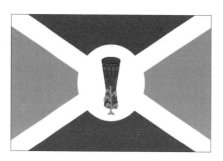

▲圖16-6，蒲隆地王國國旗（1962年～1966年）。國旗中央為有神聖力量的卡里恩達鼓和高粱。

▲圖16-7，蒲隆地國旗（1966年～1967年）。轉型共和國後只剩下高粱。

▲圖16-8，現代的蒲隆地國旗（1967年後）。

▲圖 16-9，烏干達國旗（1962 年後）。

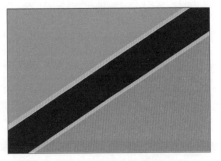

▲圖 16-10，坦尚尼亞的國旗（1964
年後），是由右圖桑吉巴的旗幟和下
圖坦加尼喀的旗幟組成。

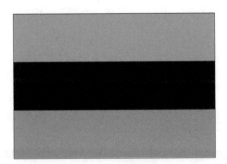

▲圖 16-11，桑吉巴的旗幟。

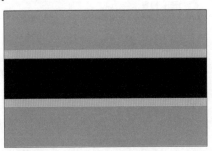

▲圖 16-12，坦加尼喀的旗幟。

　　阿敏是歷史上極端殘酷的獨裁者。他在軍事政變中奪權，讓國家血流成河，自己則成為國際笑料和政治漫畫的主角。他喜歡向收藏家購買第二次世界大戰的各種勳章，並別在特製的長大衣上。

　　他也喜歡浮誇的捏造頭銜：「所有科學領域的博士」、「大英帝國征服者」，甚至是「蘇格蘭王」。在 1975 年，他突如其來的對美國宣戰，隔天又立刻宣布自己是勝利者。

　　1978 年，他對坦尚尼亞開戰，但低估了坦尚尼亞軍隊的實力。烏干達部隊屈居下風，連首都也被占領。阿敏搭著私人飛機逃離烏干達，首先到利比亞，接著是伊朗，最後抵達沙烏地阿拉伯。他的眾多行李中，包含了英國在烏干達獨立時所贈予的那面國旗和國徽。烏干達官方向沙烏地阿拉伯提出要求，希望能夠歸還這 2 件物品，但始終得不到回覆。

坦尚尼亞：結合兩地旗幟

　　坦尚尼亞將烏干達從阿敏瘋狂的統治中拯救出來。坦尚尼亞國旗的中央是一條黑色的對角線，有著金色鑲邊。在 1964 年，前殖民地坦加尼喀和桑吉巴統一建國，正式採用這面國旗。國旗的設計來自這兩地旗幟的結合（見上頁圖 16-10 ～ 16-12）。事實上，「坦尚尼亞」也是結合了兩地的地名。

波札那：跨種族的和諧

波札那的國旗（見下頁圖 16-13）也有黑色條紋和鑲邊。我個人認為，這面國旗既簡單又美麗。國旗的顏色組合在非洲並不常見，藍色象徵著水，特別是雨水。農業是波札那的經濟中最重要的部分，因此在國徽上寫著「Pula」（風調雨順）的銘言。

黑色條紋象徵當地原生的黑人族群，白色則象徵國家的少數種族。兩種顏色合在一起，象徵的就是種族之間的和諧和友誼。同時，黑白也是斑馬條紋的顏色。斑馬是波札那的代表動物，也出現在其國徽上。

假如你知道波札那如何取得獨立，就會覺得波札那國旗上的條紋更加有趣。波札那歷史的關鍵人物是第一任總統塞雷茨·卡馬（Seretse Khama）。塞雷茨出生於英國貝專納保護國（波札那的前身）的貴族家庭。第二次世界大戰剛結束，他便到英國接受高等教育，在 1948 年和英國的白人女性結婚。這場跨種族的聯姻在塞雷茨自己的家庭和南非聯邦都造成騷動——當時的南非實行種族隔離，禁止跨種族的婚姻。

南非政府要求英國政府禁止卡馬帶著他的白人妻子返鄉。英國政府捨不得放棄南非便宜的黃金，不願與南非政府對立，於是將卡馬和妻子自貝專納保護國驅逐。直到 1956 年，卡馬和妻子才得以用一般公民的身分返國。但他很快的在政壇闖出一番名堂，最終成為波札那獨立後的第一任總統。波札那已經是非洲大陸發展最進步的國家之一，許多層面都必須歸功於卡馬。有趣的是，假如事情的發展略有不同，波札那可能就不會成為獨立國家，而是按照英國原始的計畫加入南非聯邦。但在南非和英國對種族隔離的爭議後，計畫就改變了。

賴索托、史瓦帝尼：獨特紋章

還有兩個國家本來也可能成為南非的一部分：賴索托和史瓦帝尼。他們的國旗也十分特殊。

賴索托的國旗上有著巴蘇佗族（Basotho）的傳統頭飾「摩可羅托羅」（mokorotlo）（見圖 16-14），史瓦帝尼的國旗則描繪著黑白的盾牌及兩把長矛（以及一根「戰棍」，見圖 16-15），和肯亞國旗上的十分類似。

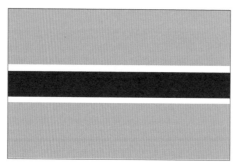

▲圖 16-13，波札那國旗。簡單又美麗。

▲圖 16-14，賴索托國旗（2006 年後）。

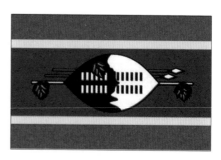

▲圖 16-15，史瓦帝尼國旗（1968 年後）。

獅子山、甘比亞：簡單的水平三色旗

　　和賴索托國旗相似的，則是獅子山共和國的三色旗。這面國旗同樣有綠、白和藍三色的水平條紋，但順序不同（見圖 16-16）。獅子山共和國的原文「Sierra Leone」是葡萄牙文，直譯的意思是「母獅之山」，而國境內則有獅子山脈。遺憾的是，這個非洲國家已經沒有剩下太多獅子（甚至可能 1 隻也不剩了）。然而，獅子山共和國人民還是在國徽上放了 3 隻獅子。

　　獅子山鄰國的甘比亞國旗也是水平的三色旗（見圖 16-17）。甘比亞在 1965 年從英國獨立後，便選擇了這面國旗，沿用至今——即便曾經有 7 年的時間，甘比亞和鄰國塞內加爾組成塞內甘比亞邦聯。

　　我們就用「塞內甘比亞」這個奇怪的詞，來為非洲大陸國旗的回顧劃下句點吧。現在，準備好踏上下一段旗幟學的旅程，來看看曾經的大英帝國島國殖民地。

▲圖 16-16，獅子山國旗（1961 年後）。

▲圖 16-17，甘比亞國旗（1965 年後）。

17 其他英國殖民諸島

如今的世界上，只有 22 個國家從未與英國發生戰爭。雖然英國領土的旗幟看起來調性一致，但還是各有差異。

在所有國家中，大英帝國是我在本書最常提到的。無論你看向地球的哪個角落，都會發現英國殖民主義的痕跡。如今的世界上，只有 22 個國家從未曾與英國發生戰爭。

在紋章學上，英國也貢獻良多。雖然英國領土的旗幟看起來調性一致，但還是各有差異。英國典型殖民地（或保護國、自治領）的旗幟都是藍色的，左上角有聯合旗，右邊則是碟形和上方獨特的紋章。一般來說，紋章上描繪的是該地主要出口的農作物，或是當地的自然特色。有些則是有趣的文化曲解，例如奈及利亞國旗上的大衛之星。

我們前面已經探討了大部分曾經仰賴英國的國家。在這個章節，我們會看看剩下國家的國旗──最後的旅程雖然短暫，卻也絕對精彩可期。

先來看看加勒比海地區。加勒比海地區島嶼典型的歷史如下：對西方世界來說，首先是由哥倫布所發現。接著，歐洲人開始利用非洲進口的奴隸，種植甘蔗和其他作物。十九世紀期間，幾乎所有的加勒

比海島國都成為英國的領土,而在二十世紀,其中最不安分的幾個國家獲得獨立。

當地大部分國家的國旗都包含藍色、黃色、綠色和黑色。這些顏色的象徵意義通常相同,分別是大海、太陽、自然和當地民族。

巴哈馬:融入海盜黑歷史

巴哈馬的國旗最大的特色,是美麗的海洋色彩。左側黑色的三角形和巴哈馬群島歷史中的許多黑色旗幟相似:海盜旗(見圖 17-1)。在十八世紀初期,巴哈馬群島出現了一個「海盜共和國」。當地人通常會在自己的船隻,以及登上過往船隻時,升起黑色旗幟,上面描繪骷髏頭和交叉的白骨。骷髏頭和交叉的骨頭作用在於警告水手,假如他們膽敢抵抗海盜,就會遭受痛苦的處決。以巴哈馬為根據地的海盜中,最有名的就是英國的黑鬍子船長。他成了許多虛構海盜故事的靈感。

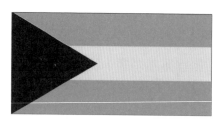

▲圖 17-1,現代的巴哈馬國旗(1973年後)。黑色三角形與海盜旗相似。

▲圖 17-2,巴哈馬群島直轄殖民地國旗(1869 年後)。1953 年,聖愛德華皇冠被都鐸皇冠取代。

當英國控制這些島嶼後，便在巴哈馬的國旗上展示了對抗海盜的勝利。旗幟描繪了英國船隻追擊兩艘海盜船，寫著「Expulsis piratis restituta commercia」（驅逐海盜，恢復通商）（見圖 17-2）。對於打擊納普斯特（Napster）等盜版音樂網站的唱片公司來說，這或許也是很適合的宣傳口號吧！[1]

巴貝多：殘破的三叉戟

黑鬍子同樣也在鄰近的巴貝多留下足跡。「巴貝多」（Barbados）來自西班牙文和葡萄牙文，是「蓄鬍者」的意思。其中一種說法是，第一批登島的葡萄牙人看到一棵榕樹，其樹根很像鬍鬚。

巴貝多的國旗有 3 道垂直條紋。兩側的群青色條紋象徵著國家周圍的大海，中央的黃色條紋上是三叉戟的頭，通常稱為「殘破的三叉

▲圖 17-3，現代的巴貝多國旗（1966 年後）。

▲圖17-4，巴貝多殖民地旗幟（1885年～1966年）。

1　譯註：盜版的英文與海盜同為 pirate。

戟」（見上頁圖 17-3）。這個圖案來自巴貝多殖民時期的國徽，也是海神波賽頓的象徵。三叉戟之所以是殘破的，代表著巴貝多「掙脫」了英國的殖民。

值得一提的是，波賽頓是來自希臘神話的神祇。因此，這又是異教信仰影響基督教國家旗幟的例子。基督教聖喬治的十字架，和異教的波賽頓同時出現在殖民的國旗上，真是格外有意思，簡直就像漫威和 DC 宇宙的超級英雄出現在同一部電影裡！巴貝多的國旗和烏克蘭出奇的相似。烏克蘭國旗的主要顏色也是藍色和黃色，而國徽也是三叉戟。

牙買加：唯一沒有紅白藍色的國旗

牙買加是另一個面積相對較小的加勒比海國家，但對於世界文化影響深遠。皇家港堡於 1494 年在此建立，並贏得了「世界罪大惡極之城」的稱號。到了十七世紀末期，島上發生大地震，接著是災難性的海嘯。大部分的城市都被摧毀。深受牙買加海盜掠奪摧殘的西班牙教會宣稱，上帝終於懲罰了這罪惡之城。

牙買加是歌手巴布‧馬利的故鄉，其國旗在旗幟學中有著特殊的地位。**這是唯一一面完全不包含紅色、白色或藍色的國旗**（如果把卡達的栗紅色算成紅色，把巴哈馬的群青色算成藍色的話，見第 316 頁圖 17-5）。在某個紋章學的論壇裡，我看到某個有趣的故事：牙買加人在 1962 年的獨立前夕，和英國人討論國旗的設計。英國人說他們不

在乎牙買加的國旗變成什麼樣子，只要有用到聯合旗的顏色就好。那之後，固執的牙買加人徹底反其道而行。當然，這只是虛構的故事，不過還是很精彩！

有趣的是，牙買加人一開始打算用同樣的 3 種顏色，用更平凡的三色旗版面設計（見下頁圖 17-6）。然而，如此一來就會與坦加尼喀的國旗太過相似（坦加尼喀在兩年後併入坦尚尼亞）。

還是英國殖民地時，牙買加的國旗上就有著相當露骨的國徽：一個裸著胸膛的女子（見下頁圖 17-7）。牙買加人在獨立後也沒有改變國徽（很少見的例子），因此，現今牙買加的國徽上還可以看見這個一模一樣的女子。

安地卡及巴布達、聖文森及格瑞那丁、聖露西亞：字母 V

安地卡及巴布達國旗的設計很不尋常。中央是升起的旭日，黑－白－藍的水平條紋形成了字母「V」，象徵著勝利（見下頁圖 17-8）。和巴貝多一樣，「巴布達」（Barbuda）這個名字也來自葡萄牙文的「蓄鬍者」。

我們也在鄰國聖文森及格瑞那丁的國旗上看到字母「V」（見下頁圖 17-9）。這面藍－黃－綠的三色旗，中央的黃色部分比兩側寬。這種設計就是我們在第 2 章討論過的「加拿大式縱條」。在加拿大式縱條上有 3 個綠色的菱形，排成字母「V」的形狀。

▲圖 17-5，現代的牙買加國旗（1962年後）。

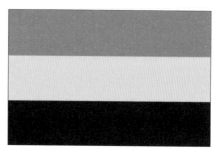

▲圖 17-6，牙買加國旗的第一版提案，採用平凡的三色旗設計。

▲圖 17-7，牙買加國旗（1962 年前）。

▲圖 17-8，安地卡及巴布達國旗（1967 年後）。條紋形成字母「V」。

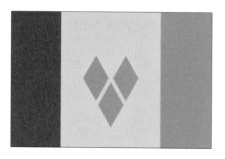

▲圖 17-9，聖文森及格瑞納丁國旗（1985 年後）。菱形排成字母「V」的形狀。

▲圖 17-10，聖露西亞國旗（1967年後）。倒著的字母「V」。

　　這面不尋常國旗的設計者是瑞士設計師朱利安‧范德瓦爾（Julien van der Wal），他也是日內瓦邦旗幟的設計者。設計的靈感來自這些島嶼的別名「安地列斯群島的寶石」或「加勒比海的寶石」。這些菱形比國旗的中心點略低，代表的是島嶼在安地列斯群島的位置。

　　在聖露西亞這個小島國的國旗上，也能看到字母「V」，不過是倒著的（而且是一系列三角形所組成，見圖 17-10）。這些三角形象徵的是島上的 2 座火山椎。聖露西亞的人口僅 18 萬人，擁有世界上人均諾貝爾獎得主的最高密度，兩位得獎人分別獲得經濟學獎和文學獎[2]。國旗上相鄰的黑色和白色，象徵著國內不同種族和諧相處──就像波札那的國旗那樣。

格瑞那達、聖克里斯多福及尼維斯：泛非洲色彩運用

　　迷你的國家格瑞那達在歷史中曾經是英國和法國的殖民地，其國旗也很獨特。傳說中，早期的法國馬提尼克島統治者雅克－戴爾‧迪帕凱（Jacques-Dyel du Parquet）在 1650 年用一堆斧頭、幾串玻璃珠和 2 瓶白蘭地，就從一間法國公司手中買下此島。真是划算的交易啊！這面國旗有著衣索比亞的泛非洲色彩。在國旗左側畫著肉豆蔻，打破了

2　編註：分別是威廉‧阿瑟‧路易斯爵士（Sir William Arthur Lewis，1915年～1991年）以及德里克‧沃爾科特爵士（Sir Derekwalcott，1930年～2017年）。

設計的對稱（見圖 17-11），代表著島嶼主要的出口商品，並提醒人們島嶼被暱稱為「香料之島」。

聖克里斯多福及尼維斯的國旗同樣由泛非洲色彩構成（不是衣索比亞，而是馬科斯·加維的顏色）。國旗上有一道黑色斜角線，代表著當地人民的根源來自非洲（見圖 17-12）。我們在千里達及托巴哥的國旗上也看過同樣的斜角線和象徵意涵。

塞席爾、模里西斯：色彩明亮架構特別

接著，讓我們快速向西，通過馬達加斯加，我們看到的是塞席爾及模里西斯。這兩個島國有著相似的國旗。兩面國旗的顏色都很明亮（象徵的都是主要政黨），架構也很特別（見圖 17-13、17-14）。我的同胞和我都能在這兩面國旗上看到烏克蘭國旗的影子。

而模里西斯島的名字來自荷蘭君主拿騷的莫里斯王子（Prince Maurice van Nassau，後來會成為奧蘭治親王）之名。他為荷蘭的獨立奠定基礎，並將橘色帶進荷蘭的旗幟學。遺憾的是，橘色並未進入模里西斯的國旗。

巴布亞紐幾內亞：南十字星座＋天堂鳥

再往東一些，我們會看到巴布亞紐幾內亞。

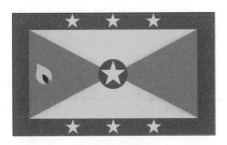

▲圖 17-11，格瑞那達國旗（1974 年後）。肉豆蔻打破對稱！

▲圖 17-12，聖克里斯多福及尼維斯國旗（1983 年後），黑色斜角線象徵人民根源來自非洲。

▲圖 17-13，塞席爾國旗（1996 年後）。

▲圖 17-14，模里西斯國旗（1968 年後），有烏克蘭國旗的影子。

▲圖 17-15，巴布亞紐幾內亞國旗（1971 年後）。

　　「巴布亞」來自馬來文，意思是「捲的」。這個名字是葡萄牙航海家所取的，因為他注意到當地人的捲髮（如你所見，水手們在命名時喜歡用毛髮相關的主題）。名字的第二部分「紐幾內亞」則來自另一位葡萄牙探險家，他注意到當地人民和非洲幾內亞沿岸的居民有些相似。

　　我們在國旗上看到南十字星座，以及一隻天堂鳥的輪廓（見上頁圖 17-15）。國旗的設計師是 15 歲、一頭捲髮的學生蘇珊‧凱利克（Susan Karike）。蘇珊並未因為這件作品得到任何回饋或讚譽，反而在 2017 年貧困的過世。根據當地媒體報導，蘇珊的死和喪禮間隔了 3 個月，因為首相辦公室本來承諾舉行國葬，卻未實踐諾言。

索羅門群島、薩摩亞：象徵意義不同的五芒星

　　最後，讓我們前往太平洋，看看剩下 4 個國家的國旗：索羅門群島、薩摩亞、吉里巴斯和萬那杜。

　　還記得我們討論衣索比亞國旗時提到的所羅門王嗎？他也在世界的這個地方留下了足跡。畢竟，西班牙人是以他的名字為這個群島命名——因為這座島嶼似乎能帶給他們像所羅門王的寶藏那樣的財富。國旗左上角的 5 顆星象徵著索羅門群島獨立時的 5 個省分。雖然省分的數目後續有所增加，但國旗上星星的數目並未改變（見第 322 頁圖 17-16）。

　　薩摩亞的國旗左上角也有星星；和巴布亞紐幾內亞的國旗一樣，

這是南十字星座（見下頁圖 17-17）。薩摩亞群島本來是統一的國家，但隨著歷史的動盪，島嶼的西方成為獨立國家（在 1997 年前稱為西薩摩亞，後來則稱薩摩亞）；島嶼的東方（稱美屬薩摩亞）如今則是美國的非建制領土。

2011 年 12 月，薩摩亞改變了自己的時間。由於經濟和澳洲緊密連結，薩摩亞將時鐘快轉 24 小時來配合澳洲的時間。因此，12 月 29 日的隔天就是 12 月 31 日，而 12 月 30 日消失了。於此同時，美屬薩摩亞則留在美國的時區。因此，假如你從薩摩亞前進僅僅 30 英哩到美屬薩摩亞，雖然時間維持不變，日期卻會改變。

吉里巴斯：水波面積占據一半

讓我們朝吉里巴斯前進吧——這是唯一一個橫跨世界 4 個半球的國家。假如你仔細觀察，就會發覺吉里巴斯的國旗和蘇維埃拉脫維亞的國旗很相似（見下頁圖 17-18、17-19）。在拉脫維亞的國旗上，你會看見水面上空的鐵鎚和鐮刀。在吉里巴斯的國旗上，則是太陽和象徵著力量、自由與吉里巴斯的軍艦鳥。順道一提，同樣的鳥類也出現在地球另一端巴布達島的旗幟上。這讓我們看見，這些勇敢鳥類的活動範圍多麼廣闊。

這面國旗是以吉里巴斯英國殖民時期的國徽為基礎。事實上，英國的紋章院本來想調整設計，把水的面積占比減少。然而，當地人堅持原始的設計，也就是水占據了國旗的一半……如果你知道這段歷史，

▲圖 17-16，索羅門群島國旗（1977年後）。星星象徵獨立時的 5 個省分。

▲圖 17-17，薩摩亞國旗（1949 年後）。又見熟悉的南十字星座！

▲圖 17-18，吉里巴斯國旗。太陽和軍艦鳥。

▲圖 17-19，拉脫維亞蘇維埃社會主義共和國國旗。

就會覺得其中充滿象徵意涵──因為隨著全球暖化，海平面上升對這個小國造成了嚴重的威脅。即便是現在，吉里巴斯的人口密度已經和東京差不多。吉里巴托被預測將成為第一個因為氣候變遷而失去所有陸地領土的國家……。

萬那杜：字母 XYZ

至於萬那杜的國旗（見圖 17-20），上面一顆星星也沒有。我們可以看見野豬的獠牙，以及較窄的黃色條紋（鑲邊）形成的字母「Y」。

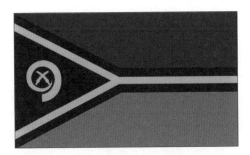

▲圖 17-20，萬那杜國旗（1980 年後）。

設計者是當地的藝術家，希望能呈現出島嶼間的相對位置。獠牙內則有兩根交疊的原生樹種楠樹枝葉，象徵和平。在枝幹上有 39 片樹葉——萬那杜國會最初也是 39 個席次。至於交疊的形狀，則是和哈薩克與吉爾吉斯的國旗和國徽相似。

因此，你可以在萬那杜的國旗上找到字母「X」和「Y」，如果再勉強一點，甚至能找到字母「Z」。這也有些象徵的意味，因為我要用萬那杜的國旗來為這本書劃下句點。

後記

　　是的，親愛的讀者們，我們來到本書的最後了。我們從法國到萬那杜，一個國家、一個國家的看遍了整個世界。

　　我在每一頁提供龐大的資訊量，如果能記得一點點，就算你好運了。但這也沒關係，因為本書的目的不是硬塞給你知識，而是帶來娛樂和啟發。

　　你會不只一次再拿起這本書，或至少在內心這樣做。這是因為我們會不斷在周遭看到國旗，而每一面國旗都會讓你回想起一連串有趣的故事。

　　看完這本書後，你可以放心的自詡為旗幟學家（我在此授予你榮譽的虛擬學位）。你甚至可能開始同情那些國旗知識不如你豐富的人。

　　我一直認為，國旗是讓我們一窺世界上每個國家的美好媒介。對我來說，國旗讓我覺得對世界有了更深的了解，也更看見世界每個部分之間的連結。我希望你也能這麼覺得。

國家索引

國家圖書館出版品預行編目（CIP）資料

國旗們的故事：旗上的圖像透露了勢力結盟、
政權更迭、神話，或追尋，這是理解一個國家
的最快方法。／迪米特羅・杜比勒（Dmytro
Dubilet）著；謝慈譯 . -- 初版 . -- 臺北市：大是
文化有限公司 , 2024.07
336 面；17 × 23 公分 . -- （TELL；066）
譯自：How the Tricolor Got Its Stripes: And Other
Stories About Flags
ISBN 978-626-7448-57-1（平裝）

1. CST：國旗　2. CST：歷史

571.182　　　　　　　　　　　　113005542

TELL 066

國旗們的故事

旗上的圖像透露了勢力結盟、政權更迭、神話，或追尋，這是理解一個國家的
最快方法。

作　　　者／迪米特羅‧杜比勒（Dmytro Dubilet）
譯　　　者／謝慈
責任編輯／楊明玉
副　主　編／蕭麗娟
副總編輯／顏惠君
總　編　輯／吳依瑋
發　行　人／徐仲秋
會計部｜主辦會計／許鳳雪、助理／李秀娟
版權部｜經理／郝麗珍、主任／劉宗德
行銷業務部｜業務經理／留婉茹、行銷經理／徐千晴、專員／馬絮盈、助理／連玉
行銷、業務與網路書店總監／林裕安
總　經　理／陳絜吾

出　版　者／大是文化有限公司
　　　　　　臺北市 100 衡陽路 7 號 8 樓
　　　　　　編輯部電話：（02）23757911
　　　　　　購書相關諮詢請洽：（02）23757911 分機 122
　　　　　　24 小時讀者服務傳真：（02）23756999
　　　　　　讀者服務 E-mail：dscsms28@gmail.com
　　　　　　郵政劃撥帳號：19983366　戶名：大是文化有限公司

法律顧問／永然聯合法律事務所
香港發行／豐達出版發行有限公司 Rich Publishing & Distribution Ltd
　　　　　　地址：香港柴灣永泰道 70 號柴灣工業城第 2 期 1805 室
　　　　　　　　　 Unit 1805, Ph. 2, Chai Wan Ind City, 70 Wing Tai Rd, Chai Wan, Hong Kong
　　　　　　電話：2172-6513　傳真：2172-4355　E-mail：cary@subseasy.com.hk

封面設計／林雯瑛　內頁排版／林雯瑛
印　　　刷／鴻霖印刷傳媒股份有限公司
出版日期／2024 年 7 月初版
定　　　價／560 元（缺頁或裝訂錯誤的書，請寄回更換）
ISBN／978-626-7448-57-1
電子書ISBN／9786267448557（PDF）　9786267448540（EPUB）